정책은 바뀌어도
변하지 않는

정책자금 핵심전략 몰라서
못받는 정부지원자금
당당하게 받자

KOTERA 전문위원단 공저

정책은 바뀌어도
변하지 않는
정책자금 핵심전략 몰라서
못받는 정부지원자금
당당하게 받자

KOTERA 전문위원단 공저

들어가며

연구개발 정책자금 활용이 기업경영에서 핵심요소 중 하나가 된 지도 상당한 세월이 흘렀습니다. 날이 갈수록 예산이 더욱 늘어나고 있는 정부R&D자금을 활용하고 싶은 마음이야 굴뚝같지만 너무 멀게 만 느껴지는 게 현실이고, 이런 기업경영 현장에서 한국기술개발협회(KOTERA)는 불철주야 연구하고 노력을 기울여 기업R&D 지도사 양성사업을 지속하고 있습니다.

우리 협회는 'MOT(Management of Technology)의 시대는 가고 MOP(Management of Policy fund)의 시대가 왔다.'라는 모토를 가지고 경영 현장에서 중소기업들이 올바르게 정책자금을 활용할 수 있는 방안을 제공해왔으며, '공짜라는 그릇된 인식을 가지고 정부지원자금을 무분별하게 사용하면서 소중한 혈세로 조성된 예산을 낭비한다.'는 일부의 인식을 바로잡기 위해 노력해왔습니다.

아닙니다. 절대로 공짜 돈이 아닙니다. 우리들 스스로가 낸 세금이며 기업들의 경영활동 결과로 조성된 피 같은 자금입니다. 우리는 타는 목마름으로 또 4차 산업혁명시대를 선도하는 파격적인 혁신을 이끌기 위한 연구개발자금으로 당당하게 쓸 수 있어야 합니다.

기업인 여러분은 그럴 자격이 충분합니다. 그런데 현실은 그와 같은 길을 몰라서, 그 방법을 몰라서 강 건너 불구경을 하듯 방관해 왔습니다. 이제 그럴 때가 아닙니다. 여러분의 당연한 권리를 누리기 위해서는 학습하고 도전하고 또 실행해야 합니다. 쉽고 빠른 길을 이곳에서 제시하고자 합니다. 또한 온라인 카페와 KOTERA가 양성한 기업R&D 지도사들이 안내하고 도와드릴 것입니다.

지금까지 국내 기업의 신기술, 신제품 개발을 위해 연간 20조 원에 달하는 무담보·무이자·무상환이라는 조건으로 지원되는 정부R&D지원자금을 효과적으로 활용할 수 있도록 안내하는 책들이 많이 출간되었습니다.

하지만 해가 바뀔 때마다 더 이상 실효성을 잃어버리는 책들이 대부분이었습니다. 국내 최대의 기업R&D정책자금 전문가집단이라고 자부하는 우리는 좀 더 다르게 생각했습니다. "정부R&D지원사업을 활용하는 데 있어, 해가 바뀌어도 변하지 않는 전략이나 원칙은 없을까?"라는 의문으로부터 시작해 찾아낸 해답과 전략의 결과물이 바로 이 책입니다.

현업에서 기업R&D 지도사로 활동하고 있는 필자들이 십 수 년 간 실전경험을 통해 해가 바뀌어도 변하지 않는 원칙과 방법을 전략으로 발전시켜 이 책에 담았으며, 이 책의 실전전략을 통해 많은 기업들이 정부R&D지원사업을 효과적으로 활용할 수 있도록 집필하였습니다.

또한 '정책자금 한 계단 올라서기'라는 120편의 콤팩트한 메시지를 각 전략에 3편씩 교차 편집을 통해 기능적인 전략뿐만 아니라 기업의 실무자들과 기업R&D 지도사들이 가져야 할 심적 소양의 역량도 함께 강화하고자 했습니다.

이 책은 정부기관의 정책자금 활용을 안내하는 최고, 최대의 인터넷 카페 '정책자금 실무 도우미(정실미)'의 오랜 역사와 '사단법인 한국기술개발협회' 전문가들의 경영 현장 R&D 지도경험의 산물입니다. 이 책이 여러분 기업들의 정책자금을 활용하고 선정되기 위한 방안을 찾기까지 현명한 길잡이 역할을 할 것이며 더욱 쉽게 다가갈 수 있도록 안내할 것입니다.

이 책 한 권으로 여러분들은 정책자금 활용에서 전문가가 될 수 있습니다. 우리 저자들의 경험과 전문성을 믿고 따른다면 정책자금의 활용은 이제 남의 일이 아니라 바로 우리의 연구개발자금이 될 것입니다. 이제 정부로부터 기업의 연구개발자금을 지원 받아 더욱 발전적인 방향으로 기업을 경영할 수 있을 것입니다. 그리고 여러분의 사업을 성공으로 안내하는 발판이 되어 줄 것이라고 믿습니다.

여러분의 건승을 기원합니다.

Prologue

무담보·무이자·무상환 조건으로 지원되는 R&D정부지원금, 어떤 사람들은 '눈 먼 돈'이라고 부르는가 하면, '다 짜고 치는 고스톱'이라면서 지원사업 자체를 폄하하고 정부로부터 자금을 투자받기 위한 노력을 시간낭비라고 치부하는 사람들도 있습니다.

그러나 연간 20조 원을 상회하는 정부R&D지원자금은 '눈 먼 돈'도 아니고, '짜고 치는 고스톱'도 아닙니다. 이 자금은 기업의 성장과 구성원들의 소득 증대를 위해 끊임없이 노력하고 있는 기업들이 신기술을 연구하고 신제품을 개발하기 위해 사용되는 소중한 자금입니다. 따라서 이와 같은 자금을 지원받기 위한 방법과 원리만 알게 된다면 황량한 사막에서 만나는 오아시스가 될 것입니다.

등산을 하다가 간간히 산을 내려오는 사람을 만나면 묻곤 하는 말이 있습니다. "얼마나 남았나요?"라는 질문입니다. 그럴 때마다 사람은 달라도 돌아오는 대답들은 비슷합니다. "조금만 더 가면 되요."

포기하지 말고 힘을 내라는 격려일 것입니다. 초입에서 만난 사람도, 중턱이나 정상 가까운 곳에서 만나는 사람도 항상 같은 말을 합니다. "사실 여기서부터 몇 시간 걸리는데, 가는 도중에 경사가 가파른 곳을 만나게 되고, 거기서부터는 지옥의 레이스고…." 등등으로 이야기를 하는 사람은 드뭅니다. 내가 일일이 말로 하는 것보다 당신이 포기하지 않고 조금만 더 노력하면 내가 맛 보았던 정상의 기쁨을 맛볼 수 있으니 직접 경험해보라고 하는 것입니다.

이 책은 이론에만 머물지 않습니다. 경험을 바탕으로 한 실전 전략입니다. 따라서 실무에서 직접 이 책이 소개하고 있는 전략을 활용만 한다면, 놀라운 성공을 직접 경험할 수 있을 것입니다. 등반을 멈추지 말고 조금만 더 올라간다면 정상을 정복했을 때의 기쁨을 누릴 수 있을 것입니다.

정부에서 기업의 기술개발과 신제품개발에 지원하는 자금은, 안타깝게도 필요로 하는 기업들 모두에게 지원할 수가 없습니다. 그렇다고 한국전쟁 시절 난민들에게 배식을 하는 것처럼 '개판오분전'을 외치며 선착순으로 배분할 수도 없는 일입니다. 바로 여기에서 '경쟁'이라는 게임의 법칙이 작동하고 있다는 걸 제대로 인식해야 할 필요가 있습니다. 즉 경쟁을 통해 일정한 합격점을 받는 기업에 한해 정부에서 준비한 무담보·무이자·무상환 조건으로 정부출연금을 지원받을 수 있는 것입니다.

내 집 앞마당에 버스 정류장이 있어 대문만 열고 나가 바로 노선버스를 탈 수 있다면 얼마나 좋겠습니까. 그러나 실상은 그렇지 않습니다. 노선버스를 타기 위해서는 버스 정류장까지 나가야 합니다. 정부지원금을 받는 일도 이러합니다.

내 사정, 내 상황, 내 여건을 정부에서 일일이 다 알아서 세심하게 챙겨주면 얼마나 좋겠습니까. 하지만 스스로 버스 정류장까지 걸어 나온 이들만 노선버스를 탈 수 있는 것처럼 정부지원금을 지원받기 위해서는 기업으로서 갖추어야 할 요건이라는 것이 있고, 경쟁을 통해 합격점을 받아야 합니다. 그런 기업들만이 정부로부터 투자를 받을 수 있는 것입니다.

여기서 소개하는 실전 전략은 기업경영에서 경쟁력을 높이는 데 필요한 보물지도와도 같습니다. 그리고 이 지도가 보여주는 목적지까지 기업과 함께 동행하는 길잡이, 내비게이션의 역할을 수행하는 이들이 바로 기업R&D 지도사들입니다.

이 책을 통해 독자들은 신비한 보물지도를 손에 넣을 수 있을 것이며, 실무에서 게임의 룰에 따라 실전 전략을 효과적으로 잘 활용한다면, 남의 이야기로만 전해 들었던 성공적인 정부지원금 투자를 이끌어 낼 수 있을 것입니다.

자, 이제 그 신비한 보물 탐사의 길을 함께 떠나 보도록 하겠습니다!

차례

테마 6 성공적인 기업R&D 지도사로 가는 길

초보자에서 벗어나는
게임의 법칙

몸짱 만들기 전략

정책자금이란 정부 부처, 정부 산하기관의 공공기금을 이용하여 예비창업자·소상공인·중소기업 등에 보조, 보증, 출자, 융자 등의 방식으로 시중은행보다 현저히 저렴한 금리로 자금을 지원하거나 투자하는 금액이다.

기업이나 개인이 정책자금을 받기 위해서는 기본적으로 갖추어야 할 요소들이 있다. 기초가 부실한 기업에게는 정책자금이라는 비료나 영양분을 공급할 수 없다는 것이 정부R&D자금 집행의 기본방침이다.

우리가 지상에서 바라보는 것과 옥상에서 바라보는 경치나 전망이 다르듯어떤 기본적인 요소들을 갖추느냐에 따라 추진할 수 있는 정부R&D과제의 범위 또한 달라진다. 이것이 '몸짱 만들기 전략'의 기본이다.

정책자금 몸짱 만들기 전략은 총 7단계로 구성되어 있다.

1단계, 지식재산 확보

2단계, 기업부설연구소(연구 전담부서) 공인 인정

3단계, 벤처기업 확인

4단계, 이노비즈기업 확인

5단계, 수출실적 확보

6단계, 포상과 인증

7단계, NEP(신제품) 인증

기업R&D과제를 진행하기 위해서는 최소 출원특허 5건을 보유하는 것이 좋다. 등록특허가 있더라도 출원특허 개수 5개가 확보될 수 있도록 해야 한다. 출원특허 5건은 기업부설연구소 공인인정처럼 필수적인 요소라 할 수 있다. 특히 특허 출원을 하여 등록까지 했다면 기업R&D과제 심사에서 가산점을 받아 자금 신청에도 더 유리하다.

기업부설연구소 및 연구전담부서 설립신고제도는 일정 요건을 갖춘 기업의 연구개발 전담조직을 신고, 인정함으로써 기업 내 독립된 연구조직을 육성하고, 인정받은 연구소·전담부서에 대해서는 연구개발 활동에 따른 지원혜택을 부여하여 기업의 연구개발을 촉진하는 제도다. 기업R&D신청 시에는 특허와 동일하게 기술력 부문에서 추가로 가산점을 받을 수 있다.

벤처기업 확인제도는 벤처기업 육성에 관한 특별조치법 제2조의 2 '벤처기업의 요건'을 충족해야 만한다. 벤처기업 요건을 충족하는 경우, 벤처인(www.venturein.or.kr)을 통해 벤처확인을 신청할 수 있다. 벤처확인 신청은 '벤처인'을 통해 온라인으로만 가능하며 오프라인으로는 신청할 수 없다.
기업이 벤처기업으로 인증을 받게 되면 창업, 세제, 금융, 입지, 특허, 마케팅 등 다양한 우대 혜택을 받을 수 있다.

이노비즈란, Innovation(혁신)과 Business(기업)의 합성어로 기술 우위를 바탕으로 경쟁력을 확보한 기술혁신형 중소기업을 지칭한다. 연구개발을 통한 기술경쟁력 및 내실을 기준으로 선정하므로 과거의 실적보다는 미래의 성장성을 중요하게 본다는 특징을 가지고 있다.
기업R&D정책자금 과제에 구매조건부 신제품 개발사업처럼 수출을 전제로 지원하는 정책자금이 많다. 이러한 과제를 성공적으로 수행하기 위해서는 해외 수출실적이 있는 기업이 훨씬 유리하며, 이것 역시 가점을 받을 수 있는 중요한 평가 요소이다.

각종 포상과 인증은 정책자금을 신청할 때 금리를 낮출 수 있거나 각종 세제혜택 지원을 받을 수 있는 요소가 된다. 정부에서 시행하는 포상, 경진대회, 각종 인증신청은 과감하게 도전해봐야 한다. 생각만큼 어렵지 않으며 또 엄청나게 불가능한 일이 아니라는 것을 몇 번 도전하다 보면 금방 깨달을 수 있다.

NEP(신제품) 인증은 국내에서 최초로 개발된 기술 또는 이에 준하는 대체 기술을 적용한 제품을 인증하고, 제품의 초기 판로를 지원하며, 기술개발을 촉진하기 위한 제도다. NEP 인증을 받게 되면 공공기관 20% 의무구매(산업기술혁신촉진법, 산업통상자원부)나 공공기관 우선구매 대상(중소벤처기업부)이 되어 큰 혜택을 누릴 수 있다.

탄탄하고 균형 잡힌 몸짱이 그렇지 않은 사람보다 호감을 끌 가능성이 크다는 건 분명하다. 마찬가지로 R&D과제를 준비하는 기업들 역시 R&D 역량을 강화시킨 몸짱으로 거듭남으로써 더욱 많은 과제를 수행할 수 있으며 더 많은 기회를 가지게 되어 성장을 위한 터닝 포인트가 될 수 있다.

특허기술만으로도 신청할 수 있는 NET(신기술; New Excellent Technology) 인증도 획득할 수 있으며 NEP, NET는 국가기술표준원이란 정부기관에서 관리를 하고 있다.

위에서 알아본 바와 같이 기업의 R&D과제를 준비하며 역량을 높일 수 있는 전략을 KOTERA에서는 R&D 기본전략, 즉 정책자금 몸짱 만들기 전략이라 부르고 있다.

몸짱 만들기 전략은 가장 기본적인 기초체력을 준비하는 최초의 전략이다. 건강한 몸에 건전한 정신이 깃드는 것처럼 기업경영의 가장 기본적인 준비를 갖추는 것이야 말로 정책자금 경영의 시작이라 할 수 있을 것이다.

말 1

누군가에게 다음 중에서 한 가지 말만 들려준다고 한다면
어느 말을 들어야 할까요?

1. 절대로 믿지 말아야 할 말
2. 꼭 믿고 싶은 말
3. 도저히 믿기지가 않는 말
4. 믿어야 할 수밖에 없는 말

정답은, 아무 말이든 관계없습니다.
질문자의 말은 사실 한 가지입니다.

같은 말임에도 받아들이는 사람이
자기도 모르게 옷을 입히고 있기 때문에
서로 다른 말일 거라고 생각하는 건입니다.
믿고 싶으면 믿으면 되고,
믿기지가 않지만 그 말이 사실 일 수도 있고,
절대로 믿어서는 안 되지만 믿을 수밖에 없는 말일 수도 있습니다.

기회

기회는 놓치고 난 뒤에 후회하라고
있는 것이 아닙니다.

잡아서 제대로 누리고
활용하라고 있는 겁니다.

바로!!
지금이 기회입니다.

권한

진정한 권한은 내부에
행사하는 것이 아니라
외부에 행사하는 것이고,
그 권한은 이미
부여받은 지 오래입니다.

권한은 누리는 것이 아니라
권한에 부여된 책임과
의무를 다하는 것입니다.

올림픽정신 전략, 참가하는 데 의의가 있다

어떤 사실에 대해 추상적이고 측정 불가한 판단을 해야 할 때 가시적인, 즉 눈으로 볼 수 있는 것으로 가늠을 해보는 과학적인 방법이 있다.

있느냐 없느냐에 따라, 있다면 많은지 적은지에 따라 추상적인 가치의 정도를 가늠해 보는 것으로, 우리는 이것을 '정량적 평가'라고 부른다. 따라서 우리는 이런 평가에 대비한 측정할 수 있는 잣대, 즉 기업이 가지고 있는 기술력을 눈으로 보여줄 수 있는 정량적인 지표를 준비해야 한다. 그리고 그 지표로 사용되는 것이 바로 특허, 기업부설연구소, 논문 발표, 수상 실적 등이다.

이러한 가시적인 지표 또는 판단기준이 있다면 이것을 근거로 해당 기업이 "기술력이 있다."라고 판단할 수 있고, 특허나 논문 발표가 많으면 많을수록, 기업부설연구소의 연구 인력이 많으면 많을수록 기술력이 높고 낮음을 어느 정도 평가할 수가 있는 것이다.

언제나 이런 정량적 평가모델이 맞는다고 할 수는 없지만 가시적인 판단기준으로 추상적인 가치의 정도를 가늠해볼 수 있다는 가설은 '과학적인 사고방식'이라 하겠다.

기업이 기업대출을 받을 때나 정부로부터 투자를 받을 때, 해당 기업이 과연 기술력을 보유하고 있는지 아닌지를 판단하는 기준으로 가장 많이 보는 것은 바로, '특허'다. 출원한 특허가 많으면 많을수록 신제품개발 또한 그에 비례해 많아질 것이고, 신제품개발이 많으면 많을수록 매출도 성장하게 될 확률이 높기 때문이다. 보유하고 있는 출원특허 수만으로도 그 기업이 어느 정도로 성장하고 성공을 거두게 될지 가늠해볼 수 있는 것이다. 즉 '기업이 보유하고 있는 출원특허의 수'로 점수를 매겨 해당 기업의 성장과 성공을 가늠하고자 하는 것이 바로 정량적 평가라고 할 수 있다.

달걀 30개를 모아놓으면 달걀 한 판이 된다. 상한 달걀이든 싱싱한 달걀이든 30개만 있으면 달걀 한 판인 것이다. 이런 면에서 출원특허의 가치가 아니라 몇 개의 출원특허가 있느냐에 가치를 부여하는 것이 바로 정량적 평가이고, 기술력을 가지고 있는 기업으로 인정받기 위해 역으로 이 정량적 평가기준을 활용하는 것이다.

특허 출원에서 '등록'을 전제로 하지 않고, '변리사'를 통하지 않고, '품질'을 전혀 고려하지 않고, '출원' 자체에만 의미를 둠으로써 '내 마음, 내 생각'대로 명세서를 작성하여 특허 출원만 한다면? 이렇게 한 시간 만에 10개의 특허를 출원하였다면 어떨까? 과연 이 10개의 출원특허를 보유한 기업이, 몇 년 동안 피땀 어린 노력을 기울여 한 개의 등록특허를 보유한 기업보다 기업의 '기술력' 평가에서 더 좋은 점수를 받게 되는 일이 일어날까?

정답은, "그렇다!"이다. 이건 정말로 중요한 사실이다.

정량적 평가모델에서 품질이나 절차는 고려 대상이 아니다. 개수와 결과만 판단 기준이 된다. 따라서 등록특허 1개에 5점, 출원특허 1개에 1점의 가중치를 부여하는 평가모델이라면, 등록특허 1개를 가지고 있는 기업을 출원특허 10개를 가지고 있는 기업이 이기게 되는 결과를 낳게 된다.

따라서 이와 같은 오류를 대비하기 위해 정부 R&D과에서는 정량적 평가기준과 정성적 평가기준을 함께 사용하고 있다. 우리가 알고 있는 '대면평가'

가 바로 '정성적 평가기준'이 적용된 방식이다. 즉 여러 심사위원이 각자의 판단기준에 따라 평가한 점수를 매기고, 평가위원 중 최고점과 최저점을 제외한 나머지 평가위원의 평균점수를 최종 대면평가 점수로 택하게 되는 것이다.

하지만 이러한 정성적 평가를 객관적이고 공평한 기준으로 적용되도록 하기 위해서는 그만큼 많은 평가위원이 필요하며, 많은 비용이 발생하는 문제가 있다. 결국 평가 첫 단계부터 정성적 평가를 사용하는 것은 평가인력 운용이나 평가비용 관리차원에서 불가능하기 때문에 최종 평가단계인 대면평가 단계에서만 적용되고 있는 것이 현실이다.

이러한 현실은 우리나라뿐만 아니라 공정한 심사를 위해 다단계(1차, 2차, 3차 등) 평가를 적용하고 있는 모든 국가, 모든 평가에서 거의 대부분 사용된다. 결론적으로 예선을 통과하고 본선을 통과해야 결선에 나설 기회라도 맞볼 수가 있다. 그리고 예선과 본선에서 요구하는 것은 품질이 아니라는 것이다. 즉 그냥 있느냐 없느냐, 그리고 개수가 몇 개냐 만으로도 얼마든지 예선과 본선을 통과할 수가 있다면 예선과 본선을 위해 우리가 지금 당장 준비해야 할 것은 품질이 아니라 정량적인 개수라고 할 수 있다.

이것을 두고 양심적이니 비양심적이니 말할 수는 없는 일이다. 게임에서 이기기 위해서는 게임의 법칙을 잘 알아야 하고 게임의 법칙에 대해 잘 알고 있는 사람을 보고 비겁하고 비양심적이라고 말하지는 않는다. 게임의 법칙을 제대로 알아야 게임에서 이길 수 있기 때문이다.

품질은 중요하다. 그러나 품질에 대한 우수성도 들어주는 사람이 있어야 평가라도 받을 수 있다. 그래서 숫자로 보여줄 수 있는 정량적 개수가 중요한 것이다.

쉽게 말해, 기술개발 아이템과 관련한 특허(출원이든 등록이든)가 몇 개가 있느냐, 제품을 개발할 수 있는 연구조직(기업부설연구소 내지는 연구 전담부서)이 있느냐 없느냐가 더 중요하다.

정책자금 평가위원들이 받는 스트레스에 대해 들어본 적이 있는가?

선뜻 이해하기 어려울 수도 있겠지만 실제로 그들은 엄청난 스트레스에 시달린다. 기업들이 신청하는 모든 기술과제에 대해 정확한 기술적인 내용을 잘 알지 못한다면 무엇을 근거로 평가를 내릴 수 있겠는가? 기술적인 근거나 배경지식이 부족한 평가위원일 경우 더욱 골치가 아플 것이라는 건 자명하다.

또 평가위원들은 자신이 평가점수를 매긴 배경을 자세히 기술해야 하는데, 정확한 근거 없이 평가점수를 낮게 매겨 탈락한 기업이 있다면 그로부터 강력한 반발과 이의신청이 들어올 수도 있어 난감한 상황에 처할 수 있다.

하지만 등록특허, 출원특허가 하나라도 더 많은 기업에게 높은 점수를 주었다면 과연 주관적인 평가를 매겼다고 반발할 수 있을까?

몸짱 만들기와 올림픽정신 전략은 평가위원들이 받을 수밖에 없는 스트레스를 해소시켜 주는 지루한 심사, 평가과정에서의 사이다와 같은 가점 요소라고 할 수 있다.

화장품 유통 관련 무역플랫폼을 개발한 스타트업기업 대표가 여름학기 기업R&D 지도사 양성과정에 참여한 이튿날 있었던 일입니다.

그 청년 CEO는 정책자금에 대한 지식을 습득해 기업을 경영하는 데 도움을 얻고자 여름학기 교육과정에 참여했던 터였습니다.

그날 강연은 선 출원특허를 주제로 이루어지고 있었는데, 강의를 듣고 있던 그는 기쁨을 참지 못하는 모습이 역력했습니다. 그리고 강의가 끝난 뒤에 그 청년 CEO는 흥분을 감추지 못하는 표정으로 필자를 보고는 "오늘 강의를 들으면서 제 문제가 해결되었습니다. 너무도 고맙습니다." 라며 연신 감사 인사를 전했습니다. 그래서 어떤 문제가 해결되었는지 차근차근 이야기를 들어 보기로 하였습니다.

청년 CEO는 최근 기술보증기금에 보증신청을 하였으나 보유한 특허가 없어 기술평가점수를 낮게 받았고, 보증서 발급에 실패했다고 합니다. 크게 낙담한 그는 지인을 통해 변리사 한 분을 소개받았다고 하는데, 지인의 소개임에도 불구하고 특허출원 한 건에 200만 원, 게다가 변리사 수임료는 별도라는 답변을 듣고 시름이 깊어졌다는 것입니다.

그러던 와중에 오늘 '올림픽정신 전략'에 대한 강의를 듣고 심장이 멎을 만큼 큰 충격과 기쁨을 맛보게 되었다면서 "유레카!"를 외쳤다는 것입니다. 바로 특허 아이템 등록에 대한 욕심을 버리고, 출원 그 자체, 즉 참가하는 데 의의가 있는 올림픽정신처럼 출원 그 자체만으로도 정량적 평가기준에서는 기술성 평가 점수를 받을 수 있다는 것을 알게 되었기 때문입니다.

등록을 전제로 한 출원 비용에 비해 1/20보다도 적은 비용으로 등록을 전제로 하지 않는 특허, 즉 출원특허를 얼마든지 직접 출원할 수 있다는 사실에 흥분과 기쁨을 감출 수 없었다는 것입니다.

필자는 특허청 홈페이지(http://www.kipo.go.kr)에서 안내하고 있는 특허권의 정의와 출원특허의 가보호 권리를 다시 한 번 설명해 주면서, 등록을 전제로 한 특허와 출원 그 자체에 의미가 있는 출원특허를 구분해서 설명해 주었습니다. 그리고 그 청년 CEO는 오늘 밤 당장 5건을 출원해 보겠다면서 자리를 떠났습니다.

그 다음 시간에 다시 만난 그 청년 CEO는 "강의에서 들었던 대로 직접 특허 출원을 해보니 이제는 자신감이 생겼고, 이런 지도 활동을 하는 기업R&D 지도사 자격시험에 꼭 합격하겠다."면서 다짐했습니다. 그리고 그로부터 한 달 뒤에는 기업R&D 지도사 자격증시험에도 당당하게 합격하였습니다.
최근 다시 들려온 반가운 소식은 이 청년 CEO의 스타트업기업이 중기부의 창업지원사업에 선정되었고, 그동안 쓴 잔을 마셨던 기술보증기금으로부터도 기술평가보증을 받아 벤처기업확인서까지 발급받았다고 합니다.

"올림픽정신 전략의 진가를 직접 맛보고 나니 앞으로 어떤 좋은 일이 있을지 하루하루가 기대된다."면서 고마움을 표했던 그 청년 CEO는 현재 당당한 전문위원단의 일원으로 활발한 활동을 하고 있습니다.
쿠베르탱의 올림픽정신이 암울했던 당시 전쟁 상황에서 세계에 평화를 가져왔던 것처럼 정책자금 전략에서도 올림픽정신 전략이 암울한 처지에 있었던 한 스타트업기업에게 무한한 자신감과 기회의 날개를 달아 주었던 훈훈한 사례라고 할 수 있겠습니다.

차이

말 잘 듣는 아들과 일 잘하는 아들은
하늘과 땅 차이입니다.

뒷집 가서 못 박을 망치를
빌려오라는 말을 듣고

말 잘 듣는 아들은,
돌아와 하는 말이
뒷집에 망치가 없다고 한다면서
그냥 빈손으로 옵니다.

일 잘하는 아들은,
뒷집에는 망치가 없다고 해서
그 옆집에 가서 망치를 빌려 왔습니다.
라면서 손에 망치를 들고 옵니다.

아버지의 목적은 뒷집의 망치가 필요한 건이
아니라 망치로 못을 박는 건이었습니다.

일 잘하는 아들은 아버지의 의도를
제대로 파악하고 있었습니다.

신뢰

우리가 이 땅에서 살아가는 동안 무언가를
남기고 간다면, 그것은
기억입니다.

기억의 현재진행형은
믿음입니다.

내가 남을 믿는 건을
의지라고 한다면,
남이 나를 믿는 건은
신뢰라고 부릅니다.

좋은 신뢰가 결국은
좋은 기억을 남깁니다.

박수

박수칠 때 떠나는 건은
영화에서나 있는 일입니다.

조직에서는 박수칠 때,
기분 좋게 감사하고
더 큰 박수를 받을 수 있도록
더 높은 목표에
도전해야 합니다.

첫딸 시집보내기 전략

'첫딸 시집보내기 전략'이라고 명명한 정책자금 동시다발 전략은 초보 기업들이 실수하는 것 중 하나다. 아직 R&D정책과제 신청업무에 익숙하지 않은 상태에서 다수의 과제에 각기 다른 다수의 아이템으로 과제 신청을 하게 되면 과제에 대한 집중도와 완성도가 제고되지 않아 신청했던 과제 모두가 실패하는 게 일반적이다.

과제신청서를 작성할 때는 신청하는 과제마다 모두 다 선정될 것 같은 환상을 가지고 행복회로를 돌린다. 하지만 결과는 그렇게 금방 긍정적으로 나오지 않는 경우가 대부분이다. 정책자금 동시다발 전략은 하나의 아이템으로 과제 신청서를 작성했다면 과제에 선정될 때까지 계속해서 동일한 아이템으로 과제신청을 해야 한다는 것이다.

정책자금 동시다발 전략은 낚싯대가 많으면 고기를 낚을 수 있는 확률이 커지는 이치와 마찬가지로 동시다발적으로 신청할 수 있는 과제에 모두 동일한 아이템으로 신청하도록 해야 한다. 동일한 아이템으로 신청해야 하는 이유는, 새로운 아이템을 준비하게 되면 그만큼 시간과 노력 그리고 사업계획서의 완성도가 충분히 제고되지 않기 때문이다.

사업신청서의 완성도 제고는 아쉽게 고배를 마시게 될 때마다 지적받은 평가위원회의 평가의견을 보강해 완성도를 높여나가야 하는 것이다. 그리고 이렇게 동시다발적으로 여러 과제에 신청해 어느 한 과제에라도 선정 통보를 받는다면 욕심을 버리고 나머지 진행 중인 과제는 과감히 포기할 줄 알아야 한다.

정책자금 동시다발 전략은 이렇게 첫딸을 시집보내고 나면, 그 다음에 둘째 딸을 시집보내기 위해 첫째 딸을 시집보낼 때 썼던 방법대로 동시다발적으로 여러 과제에 다시 신청을 하는 전략이다.

첫 번째 과제신청에서부터 지나치게 이랬다저랬다 사업 아이템을 자주 변경하는 것은 혼란만 가중시킬 뿐이다. 사업계획서의 완성도가 낮아지고 대면 평가에서도 숙련도가 떨어져 결코 좋은 점수를 받을 수 없다.

온갖 정상을 다해 첫째 딸을 시집보내듯 애지중지 소중하게 다뤄야 한다. 조금이라도 더 좋은 표현과 차별화된 사업계획서를 만들기 위해 깊이 생각하고 연구해야 한다. 첫 번째 과제에 몰입하여 보다 창의적인 아이디어를 결합하고 융합해야 하며, 실질적인 사업아이템과의 연관성, 목적성이 완벽하게 조화를 이루는 과제여야 한다.

정책자금신청을 위한 임시방편적인 과제는 결코 좋은 점수를 받을 수 없다. 평가위원들도 사업계획서를 보면서 또는 대면 발표를 참관하면서 여러분의 진정성을 의심할 수 있기 때문이다. 진심이 통해야 하는데 과제신청을 위해 과대 포장한 사업계획서는 조금만 주의해서 관찰하면 누구나 금방 그 숨은 의도를 알 수 있기 마련이다. 손바닥으로 하늘을 가릴 수는 없는 법이란 말을 명심하고 또 명심해야 한다.

전력투구, 첫딸을 시집보내는 데 온 힘을 다해 몰입하도록 하자. 그것이 여러분의 사업아이템을 정부의 정책자금으로 즐겁고 신나게 연구개발하고 성장할 수 있는 밑거름이 될 것이다. 정부의 R&D정책자금의 취지와 의미를 퇴색시키는 행위는 평가위원을 감동시킬 수 없다.

여러분의 열정과 진심을 공감할 수 있도록 최선을 다하는 것이 바로 성공의 지름길이다.

우리 협회 유튜브 채널 'KOTERA TV'를 통해 멘티기업으로 인연을 맺은 어느 스마트밴드 관련 벤처기업의 사례입니다.

지난 10여 년간의 기업부설연구소 책임연구원으로 일한 경력을 가진 스마트밴드 기업 대표는 법인 창업은 물론 본인 스스로 기술보증기금을 통한 벤처기업확인까지 받는 등 거침없는 행보를 펼쳐가던 중 R&D과제 수행을 위해 지난 2년 동안 십 여 차례 도전을 하였으나, 매번 탈락하는 고배를 마셨습니다. 그리고 그런 결과가 나오게 된 원인으로 자신에게 문제가 있다기보다 R&D지원제도 자체에 문제가 있는 것으로 오해하게 되었고, 모두 다 짜고 치는 고스톱이라며 원망하고 있었습니다.

그러던 중, 우연히 KOTERA TV를 접하고, 혹시 지원제도에 문제가 있는 것이 아니라 자신의 방식이 잘못된 것은 아닌지 의심을 품게 되었고, 결국 협회의 기업R&D 역량 진단을 받아보기로 결심하고 신청서를 제출하게 되었던 것입니다. 그리고 직접 기업을 방문해 그 기업의 R&D 역량을 진단한 전담 전문위원을 통해 스마트밴드 기업의 대표는 그동안 왜 매번 R&D과제에서 탈락을 했는지 그 실패의 원인과 이유를 그제야 깨닫게 되었습니다. 자신이 직접 하는 것까지는 좋았지만 그러다보니 전략과 방법이 없고, 무작정 밀어붙이기 식으로 기업R&D과제를 추진했었던 것입니다.

서면평가에서 탈락한 뒤에 평가위원회 의견을 참고하여 사업신청서 내용을 보완하기는 하였지만 이쪽을 보완하면 저쪽에서 지적이 나오고, 저쪽을 보완하면 이쪽에서 지적이 나오는 식이었습니다. 그는 "서면평가 문턱조차 넘는 것이 쉽지 않구나. 아마도 아이템에 문제가 있었구나. 아이템을 바꿔보자." 라는 판단을 내렸고 아이템을 바꿔 신청하였지만 역시 결과는 마찬가지였다고 합니다.

전담 전문위원은 동시다발 전략, 즉 '첫딸 시집보내기 전략'에 대해 설명해 주고, 여러 아이템을 모두 다 동원해 이 과제에는 이 아이템으로, 저 과제에는 저 아이템으로 신청하다보니 기술개발의 집중도와 아이템의 완성도가 상대적으로 결여되어 매번 좋은 점수를 받지 못했음을 지적해 주었습니다. 조금만 더 파면 샘물이 솟아나고, 조금만 더 파면 금맥이 드러날 것인데 조금 파놓고 아직 결과가 없다고 "이 산이 아닌 모양이야, 다른 산으로 가보자." 라고 하는 경우가 의외로 많다는 지적이었고, 협회를 믿고 다시 도전해보자며 독려를 하였습니다.

우여곡절 끝에 협회와 멘티기업 협약을 체결한 이 스마트밴드 기업은, 3개월 동안 한 가지 아이템으로만 여러 과제에 신청을 하였고, 서면평가에 탈락할 때마다 그 지적사항을 보완하고 또 보완하였습니다. 결국, 두 번의 실패를 딛고 재도전한 세 번째 시도에서는 대면평가까지 진출할 수 있게 되었고, 대면평가는 단 한 번의 시도로 무난히 합격점을 받아 과제에 최종 선정될 수 있었습니다.
그리고 두 번째 아이템 역시 첫 번째 아이템이 했던 방식 그대로, 동시다발 전략을 통해 이 과제 저 과제에 동일한 아이템으로 신청하였는데, 이번에는 논스톱으로 대면평가까지 진출하여 단번에 과제에 선정되는 기쁨을 맛보았습니다.

결국 이 스마트밴드 기업은 2019년도 상반기에 무려 각기 다른 3개의 아이템으로 3개의 과제에 선정되는 쾌거를 이룰 수 있게 되었고, 하반기에는 더 도전하고 싶어도 연구원의 참여율이 부족하여 당해에는 더 이상 신청을 할 수 없는 정도가 되었습니다.

혼자서 직접 했을 때는 매번 실패만 거듭을 뿐 한 번도 선정의 기쁨을 맛보지 못했던 기업이 시도하는 방식과 순서만 조금 바꾸었을 뿐인데 그 결과는 모두가 놀라워할 만한 성과를 가져왔었던 것입니다.

조금만 더 다가서야 하는 경우는 남성 공중화장실에서만 필요한 게 아닙니다. 지금 하고 있는 과제의 시도에서 실패를 딛고 꾸준히 재도전하며 조금만 더 다가선다면 언젠가는 그 결실을 보게 됩니다.
점점 정상을 향해 나아가고 있다는 믿음을 갖고, 실패를 두려워해서는 안 됩니다. 이제 다 왔습니다. 조금만 더 힘을 내면 됩니다.
성공이란 능력이 있어서 이루어내는 것이 아니라 칠전팔기의 정신으로 포기하지 않고 도전하는 사람들이 만들어 내는 것입니다. 그리고 우리는 이들을 능력자라고 부릅니다.
첫딸은 비록 좋은 집안에 시집을 보내지 못했어도, 둘째는 명분가의 귀한 며느리로 시집갈 수 있다는 희망을 갖고, 우선은 첫째 딸부터 시집보낼 수 있도록 끊임없는 노력과 최선을 다하여야 할 것입니다.

회복

상처가 있습니까?
아픔이 있습니까?
그것은 치유하고
회복하라고 있는 건입니다.

마음의 상처를 받았다면
마음의 상처로 갚지 말고
먼저 내 마음을 치유하고
상대와의 관계를 회복해야 합니다.

그 사람과 어땠거나 얼굴을
대하고 살아야 한다면 말입니다.

믿음 1

배가 전복되면
배는 버릴 수 있지만,
절대로 사람을 버릴 수는 없습니다.

비록 뜻이 달라 회사를 등져야 할지 말지
갈등이 깊어지는 순간에도
함께 했던 사람들과
그들로부터 받은 믿음을
저버려서는 안 됩니다.

사람들이 회사이고,
우리가 회사입니다.

책임 1

과정을 두려워하는 건은
의지가 없기 때문이고,

결과를 두려워하는 건은
용기가 없기 때문이며,

후회를 두려워하는 건은
노신이 없기 때문입니다.

심사숙고 하여 마음에 담아둔 말은
입으로 뱉고 후회하지 말아야 하며,

신중히 결정한 계획이 있다면
실행에 옮기고 책임을 져야 합니다.

씨 뿌리기 전략

농부가 처음 씨를 뿌릴 때만 해도 과연 이 곡식이 수확을 할 때까지 잘 자랄 것인지, 그 긴 기다림의 시간 동안 어떻게 관리해야 할 것인지, 과연 추수를 하는 기쁨을 누릴 시간이 오기는 하는 것인지 염려가 클 수밖에 없다.

하지만 씨를 뿌릴 때의 이런 걱정들은, 뿌릴 때가 있으면 거두는 때가 오는 것처럼 시간이 지나면서 자연스럽게 해결되는 부분들이다. 다만 곡식이 자라기 위해서는 좋은 토양을 잘 골라 씨를 뿌리고, 물을 주고, 퇴비를 주고, 해충 피해가 없도록 잘 관리를 해야 하는 것처럼 오늘의 조그만 노력이 미래의 결실을 가져오게 된다는 걸 잊어서는 안 된다.

100년 전 오늘 포도주를 저장하고, 내일도 포도주를 저장하고, 그렇게 매일 포도주를 저장해 나간다면 100년이 지난 뒤에는 매일 100년산 포도주를 저장고에서 꺼내올 수 있는 것처럼 말이다.

정책자금 씨뿌리기 전략은 과거에 실행한 행동과 노력이 오늘날의 결실로 돌아오게 되고, 오늘부터 하루하루 쌓아간 노력이 미래의 결실로 돌아오는 것이다.

정부R&D과제 신청에는 산고가 따르게 마련이다. 무담보·무이자·무상환의 조건으로 지원되는 정부R&D과제 신청에는 수많은 어려움이 따르게 마련이다. 진행해본 경험이 없어 과정 자체에서 어려움을 느끼게 되고, 어떤 경우에는 제안서를 제대로 써보지도 못하고 탈락하거나 중도 포기하게 되는 경우가 생긴다. 하지만 정부로부터 지원을 받을 때까지 포기하지 않고, 업체에서 기획한 기술개발 아이템에 대해 지속적으로 이런 사업, 저런 사업 등을 통해 신청을 하게 된다면, 언젠가는 지원대상자로 선정되는 좋은 결과를 얻을 수 있다.

이처럼 미래의 눈부신 수확을 기대하며 하루하루 최선을 다해 씨를 뿌리는 과정을 우리는 '정책자금 씨뿌리기 전략'이라고 부른다.

정부R&D과제를 신청하기 위해서는 아이템에 대한 차별화 포인트가 있어야 한다. 정부R&D과제를 신청하여 좋은 결과를 얻기 위해서는 지속적으로 노력을 계속해야 하지만 무엇보다 기존의 제품이나 서비스와 질적으로 차별화된 아이템을 발굴해야 한다. 농부가 양질의 쌀을 얻기 위해 좋은 씨앗을 사용하는 것처럼 노력에 앞서 좋은 씨앗, 즉 사업에 선정될 만한 아이템을 발굴해야 한다. 그렇지 않다면 지속적인 노력을 하기도 전에 좌절하거나 포기할 수밖에 없는 상황이 나타나게 된다.

정책자금 씨뿌리기 전략의 다른 명칭은 5C 전략이라고 하며, 5단계의 과정을 지속적으로 반복하고 또 반복하여 결실을 맺는 것이다.

1. Check-up (아이템 발굴 과정)
2. Collection (과제사업 발굴 과정)
3. Coaching (사업신청서 검수를 위한 스케줄링 과정)
4. Correction (사업신청서 검수 과정)
5. Competition (현장평가 및 대면평가 차별화 코칭 과정)

광화문에서 촛불시위가 한창이었던 시기에 자신을 '융자의 신'이라고 자처하던 한 청년을 만났습니다.

기업R&D 지도사 양성과정에 참여한 이유를 물었더니, 당장은 필요 없지만 언젠가는 필요할 것 같아 지식을 축적하는 차원에서 들어보려고 과정에 참여했다는 것입니다. 현재는 융자 컨설팅만으로도 남부럽지 않을 만큼 돈을 벌고 있다는 당돌한 청년이었습니다.

그러던 중, 교육과정수료가 한 주 정도 남았을 때, 면담을 요청한 이 청년은 필자에게 "왜 협회에서는 바로 바로 돈이 되는 융자 컨설팅보다 적게는 3개월에서 많게는 6개월이나 걸리는 R&D과제에 더 치중하는 것인지, 6개월 동안 결과를 지켜보게 되면, 안 되면 안 되는 대로 되면 되는 대로 텀이 너무 길기 때문에 여기에만 집중하는 컨설턴트는 굶어 죽기 딱 좋은 것이 아닌가?"라고 돌직구와 같은 질문을 던졌습니다.

그래서 필자는 100년산 포도주 이야기를 해 주었습니다.

어떤 부자가 100년산 포도주를 파는 가게가 있어 주인에게 100년산 포도주가 모두 몇 병이나 있는지 물었더니 100병이 있다고 했습니다. 부자는 그날부터 100일 동안 매일 100년산 포도주를 주문하여 마셨습니다.

101일째 되던 날에도 100년산 포도주를 주인에게 주문하였는데, 역시 주인은 100년산 포도주를 그 부자 앞에 내놓았습니다. 그러자 그 부자는 "100년산 포도주가 100병이라고 해서 그동안 100병을 내가 모두 다 마셨는데 어떻게 또 100년산 포도주가 있을 수 있는가? 이것은 가짜가 아닌가?" 라고 주인에게 의심에 찬 눈빛으로 호통을 쳤습니다.

그러자 포도주 가게 주인은 이렇게 말했습니다.

"우리 집은 매일 100병씩 포도주 숙성 창고에 포도주를 담가 저장합니다. 방금도 저장고에 100병의 포도주를 저장해 놓고 오는 길입니다. 오늘 담은 포도주를 100년 뒤에 제 아들이나 손자가 꺼내게 되며, 그 다음날에도 100년산 포도주를 꺼내올 수가 있으니까요."

이런 이야기를 해 주면서, 비록 기업 융·보증은 한두 달 만에 그 결과를 알 수 있는 반면, 기업R&D는 그 결과를 얻기 위해 길게는 6개월까지 시간이 걸리는 것이 사실입니다. 하지만 매달 기업이 R&D과제에 신청한다면, 6개월 뒤에는 매달 그 결과를 맛볼 수가 있는 것입니다. 따라서 텀이 길다고 하여, 한 텀이 모두 다 지난 이후에 새롭게 시작하는 것이 아니라 땀을 흘리며 꾸준히 매달 씨를 뿌린다면 몇 달 후에는 매달 수확할 수 있게 되는 것입니다.

필자의 설명을 듣고 난 청년은 환한 얼굴로 "아~ 그래서 씨뿌리기 전략이라고 하는 것이군요." 라고 대답하고는 가벼운 걸음으로 귀가했습니다. 그리고는 몇 주가 지난 뒤 우수한 성적으로 당당히 기업R&D 지도사 자격검정시험에 합격까지 하였습니다. 그 청년은 현재 필자와 함께 전문위원단에서 활발한 R&D과제 지도활동을 하고 있으며, 매달 씨를 뿌리기에 여념이 없습니다.

언제나 그러하듯 꾸준함이 순간의 기지를 이깁니다. 오늘도 내일의 수확을 위해 우리는 무언가에 투자를 하고 있습니다. 그것이 시간이 되었든, 본인의 열정이 되었든 언젠가 우리는 그 결실을 매일 매일 맛보게 될 것입니다. 그래서 오늘도 우리는 계속하여 씨를 뿌려야 합니다.

능력 1

능력 있는 직원은,
모두에게 필요한 인재가
되어서는 안 됩니다.

CEO에게 반드시
필요한 인재가 되어야 합니다.

빌딩의 경비 아저씨는 모두에게 필요하지만
그렇다고 CEO에게 반드시
필요한 Top 10에 포함될까요?

생산되는 공산품과 농산품에도
제조자의 이름 석 자가 기대되는 시대입니다.

본인이 담당하고 맡은 프로젝트에
본인의 이름 석 자를 걸어야 하고

이 이름에 책임을 다하는 것이
진정한 프로입니다.

맞춤

모든 물고기를 그물로만
잡는 건은 아닙니다.

갈치는 낚시로만 잡는 생선입니다.
그물로 잡으면 비늘이 모두 번겨져
상품의 가치가 없기 때문입니다.

획일적으로 공통으로 써먹을 수 있는
제안서가 있는가 하면,

타깃의 특성에 따라 맞춤 제안과 맞춤 접근이
필요할 때도 있습니다.

획일성과 맞춤전략이 균형 있게
조화되어야 하겠습니다.

열소주 전략

뿌리기업이란 말을 어디선가 많이 들어보지 않았는가?

여기에서 뿌리기업이 무엇이며, 어떤 혜택이 있으며, 어디에 신청하는지를 알아보도록 하겠다.

뿌리기업에는 크게 '뿌리기업확인기업'과 '뿌리기술전문기업'으로 구분된다. 이 둘 다 「뿌리산업 진흥과 첨단화에 관한 법률」에 근거하여 설립된 중소벤처기업부 산하의 국가뿌리산업진흥센터(http://root-tech.org)에서 연중 수시로 신청하게 된다.

뿌리기업 확인기업

먼저, 뿌리기업확인기업은 뿌리산업을 영위하고 있는 기업을 대상으로 확인서를 발급해 주는 제도이다. 통상 접수 후 15일의 기간이 소요되며, 신청방법과 절차는 뿌리기술전문기업에 비해 간단하다.

그럼에도 불구하고 받을 수 있는 혜택을 알아보면, 특화단지 지정 및 지원, 뿌리기업 자동화·첨단화 지원, 공통 제조공정 에너지진단 보조, 뿌리기업 명가 선정, 뿌리산업 발전 유공자 선정, 뿌리기술 경기대회, 뿌리산업 주간, 일하기 좋은 뿌리기업 선정, 뿌리산업 전문기술인력 양성, 뿌리산업 외국인 기술인력 양성대학, 뿌리산업 외국인 근로자 체류자격 변경 지원, 뿌리산업 인적자원개발협의체 운영, 제조혁신기술 커넥트 등의 다양한 지원혜택이 있다.

뿌리기술 전문기업

다음은, 뿌리기술전문기업에 신청하기 위해서는 뿌리산업을 영위하고 있으며, 핵심뿌리기술관련 공정·제품, 특허 등 7개 항목 기술역량 평가에서 100점 만점에 60점 이상을 받아야 하고, 업력·매출액 등 5개 항목 경영역량 평가에서 60점 이상을 받아야 하며, 기술역량과 경영역량 합계점수를 140점 이상 받으면 된다.

뿌리기술전문기업이 받을 수 있는 혜택은, 우선 뿌리기업 공정기술개발 지원사업에 신청할 수 있으며, 다음의 지원사업에서는 사업선정 평가에서 1점의 가점을 받게 된다.

글로벌 강소기업 육성사업, 제품서비스기술개발사업, 구매조건부 신제품개발사업, 창업성장기술개발사업이며, 뿌리기업-수요기업 기술협력 지원사업과 뿌리기업 자동화·첨단화 지원사업, 뿌리기업 명가선정 사업에서는 3점의 가점 혜택을 받을 수 있다.

이 외에도 수출신용보증과 중소기업 정책자금에서는 잔액기준 매출한도 예외 적용을 받을 수 있으며, 1년 동안 관세조사를 유예 받는 등의 다양한 혜택을 받게 된다.

그렇다면 6대 뿌리산업은 무엇일까?

아래의 업종은 모두 제조업이며, 이러한 업종이 주업종으로 되어 있어야 한다. 주업종은 사업자등록증에서 맨 윗줄에 있는 업종이 주업종에 해당한다.

열처리, 소성가공, 주조, 용접, 금형, 표면처리가 6개 산업이다.

"열·소·주·용·금·표"

말 2

모든 말에는 값이 있고
생명이 있습니다.

같은 말이면, 비싼 말을 많이
할 수 있도록 해야 합니다.

그리고 의미 없이 던진 그 말 한마디라도
언젠가는 싹을 틔우고 꽃이 핀다는
건을 잊지 말아야 하겠습니다.

한 조각

신뢰와 믿음을 세우는 작업은
도미노를 한 조각 한 조각 세우는 건과 같습니다.

그러나 그 신뢰와 믿음이 한순간에
무너져 내리는 건은 눈깍간입니다.

누 백 개의 조각들 둥에서 항상 문제는 한 조각입니다.
한 조각이 한 눈간 한눔 나게 할 누 있으니
항상 한결 같아야 합니다.

프로 1

관심 받고자 하면,
성의를 보여 두세요.

돈을 받고자 하면,
역할에 충실해 두세요.

아마투어는 말로 일할 수 있지만
프로는 반드시 일로 말해야 합니다.

제광건운 전략

중소기업이란, 중기업과 소기업을 통칭하는 용어다. 중소기업기본법에서 중소기업이 될 수 있는 대상은 영리를 목적으로 사업을 영위하는 영리법인(상법의 회사, 협동조합기본법에서 일반협동조합 등)과 개인사업자이며, 비영리법인(사업자)은 중소기업이 될 수 없다. 다만, 사회적기업 육성법에 따라 사회적기업으로 인증을 받은 경우에는 비영리법인(단체)도 중소기업이 될 수 있다.

그러나 사회적 기업 인증을 받았더라도 사회적기업 육성법 제8조 제1항 제1호에 따른 독립법인 등의 조직 형태를 갖추지 않은 '법인 내 사업단'은 중소기업이 될 수 없다.

중소기업 판단 기준

중소기업의 판단은 법인의 경우 사업장 단위가 아닌 법인 전체를 기준으로 하며, 개인사업자는 사업자 단위로 판단한다.

기업의 외형적 판단기준으로서, 매출액과 자산총액이 아래의 업종별 기준과 상한기준을 모두 충족해야 한다. 기업 규모 기준도 있는데, 기업의 외형적 판단기준으로서, 매출액과 자산총액이 아래의 업종별 기준과 상한기준을 모두 충족해야 한다.

① 업종별 규모기준 : 주된 업종별 평균매출액등이 관련 기준을 충족할 것.

　※ 주된 업종별 평균매출액등의 중소기업 규모 기준 (중소기업기본법 시행령 별표 1)

　※ 주된 업종별 평균매출액등의 소기업 규모 기준 (중소기업기본법 시행령 별표3)

② 상한기준 : 업종에 관계없이 자산총액 5,000억 원 미만일 것

　한편, 외형상 규모는 중소기업 기준을 만족하더라도 대기업의 자회사이거나 계열사들과 합한 규모가 중소기업 규모 기준을 초과하는 기업은 중소기업이 될 수 없다. 이렇듯 소유와 경영의 실질적 독립성을 판단하는 기준은 아래와 같으며, 이 중 어느 하나라도 해당하면 중소기업이 아니다.

Ⓐ 상호출자 제한 기업집단 및 채무보증 제한 기업집단에 속하는 회사
Ⓑ 자산총액 5,000억 원 이상인 법인(외국법인 포함, 비영리법인 제외)이 주식 등의 30% 이상을 직접적 또는 간접적으로 소유하면서 최다 출자자인 기업
Ⓒ 관계기업에 속하는 기업의 경우에는 출자 비율에 해당하는 평균매출액을 합산하여 업종별 규모기준을 미충족하는 기업
　※ 관계기업 : 기업 간의 주식등 출자로 지배종속 관계에 있는 기업의 집단
　※ 단, 비영리 사회적 기업 및 협동조합(연합회)은 관계기업제도 적용하지 않음

이제부터는 소상공인과 관련된 규정을 설명하도록 한다.

위에서 중기업과 소기업은 매출과 규모에 따라 구분되었다면, 소상공인은 상시근로자 수에 따라서만 구분을 하게 된다. 제조업, 광업, 운수업, 건설업의 경우는 상시근로자 수가 10인 미만, 즉 9인 이하인 경우에는 소상공인에 해당하고, 그 외 업종은 5인 미만, 즉 4인 이하인 경우에는 소상공인에 해당한다.

이 중에서, 상시근로자 10인 미만의 제조업종을 특별히, '소공인'이라고 부르게 되는데, 이러한 소공인, 소상공인들만을 위한 정부지원제도와 정책자금(예를 들어, 소공인 특화자금, 소공인 기술가치 향상 기술개발사업 등)이 생각보다 많이 준비되어 있다.

여기서, '우리 회사는 상시근로자 수가 20인이 넘으므로 소상공인에 해당되지 않는다.' 라고 생각하는 중소기업들이 많은데, 상시근로자에 대한 정의에 대해 다시 생각해볼 필요가 있다.

근로기준법 제14조의 규정에 의한 근로자 중에서는 다음에 해당하는 자를 제외한다고 명시되어 있다.

① 일용근로자
② 3개월 이내의 기간을 정하여 근로하는 자
③ 기술개발촉진법 제8조의 3 제1항 제2호의 규정에 의한 기업부설연구소의 연구전담요원은 물론, 연구전담부서의 연구전담요원과 등기 임원도 상시근로자 수에는 포함되지 않는다.

이렇게 계산해 보면, 20명이 넘는 제조업종의 중소기업도 의외로 소상공인, 즉 소공인에 해당되는 경우가 많다.

이렇게 소상공인의 구분을 상시근로자 수 5인 미만이냐, 10인 미만이냐에 따라 구분할 때 그 기준을 제조·광업·건설·운수업으로 나누어 구분하는 것을 '제/광/건/운 전략'이라고 부른다.

낚시

낚시를 못하는 사람 중 하나는
본인의 미끼와 채비에 문제가 있는 줄도 모르고
여기 저기 낚싯대를 들고 돌아다니면서
여기서 잠깐 저기서 잠깐 낚싯대만 드리우다가,
결국은 한 마리도 못 잡게 됩니다.

문제는 외부에 있는 것이 아닙니다.
어떤 미끼로 바꿀 건인가?
미끼는 아직 싱싱한가?

채비는 제대로 갖추었는지
항상 스스로를 돌아보아야 합니다.

믿음 2

마음으로 믿으면 확신이 됩니다.
그 확신을 입으로 말하는 순간!
꿈은 점타 현닐이 됩니다.

같은 배에 탄 사람들은 가능한 같은 걸 믿고,
같은 확신에 탄 말들을 해야 합니다.

그래야 모두가 한마음으로 바라는
그것이 점타 현닐이 됩니다.

꾸준함 1

한 번에 많은 건을 하는 일꾼보다
꾸준히 도금씩 오래 하는 일꾼이
우리에게는 더 필요한 때입니다.
꾸준함을 보여두기 바랍니다.

101호 102호 전략

중소벤처기업부의 창업성장기술개발사업은, 창업지원법에 따른 창업 후 7년 미만의 기업이 신청할 수 있는 중기부의 R&D지원사업이라는 것을 잘 알고 있을 것이다.

그런데 창업 후 7년이 넘은 기업도 창업성장기술개발사업에 신청할 수 있는 방법이 있다. 이번 챕터에서는 그런 방법과 전략에 대해 설명하고자 한다.

개인사업자에서 법인을 설립한 경우, 어디서 어디까지를 창업으로 보는지가 분명하지 않아 지난 2015년도, 당시 중기청에서는 이를 문서로 정의하게 되었는데, 대표자나 주업종 또는 주요 생산품목을 변경하지 않고서도 창업기업으로 인정받는 경우가 여기에 명시되어 있다. 즉 동일한 대표에 동일한 업종, 동일한 제품이나 서비스를 제공하는 법인을 설립하더라도 창업기업으로 인정받을 수가 있다.

이때 유의할 점은, 새로 설립하는 회사가 개인사업자가 아닌 법인사업자라야 한다는 것이다. 개인사업자로 설립하게 되면 어쩔 수 없이 이전에 있던 대표자의 업력에 기업의 업력이 자동 포함되므로 반드시 법인으로 설립을 해야 한다.

반면에 기존에 있던 사업자는 법인이든 개인사업자든 상관이 없으며, 새로운 법인을 설립하고 난 이후, 절대로 기존 사업자를 폐업해서는 안 된다. 즉 그대로 유지를 해야 한다는 것이다.

유지를 하지 않고 기존 사업자를 폐업하게 되면, 새로운 법인 설립을 창업으로 보지 않는다. 즉 개인사업자를 폐업하고 동일 대표의 동종업종 제품을 생산하는 법인을 설립하는 경우는 법인전환으로 보고 있으며, 기존 법인을 폐업하고 동일 대표의 동종업종 제품을 생산하는 법인을 설립하는 경우는 이를 사업승계로 본다. 따라서 신규 법인을 설립한 이후에는 절대로 기존 사업자를 폐업해서는 안 된다.

마지막으로 고려할 사항은 바로 신규설립 법인의 장소가 기존 장소와는 달라야 한다는 것이다. 즉 기존 사업자가 101호였다면, 새로운 법인사업자의 주소는 최소한 102호가 되어야 한다.

만일 동일 장소에서 개인이 법인을 창업한다면 이것을 형태 변경으로 보는 것이지 창업으로 보지 않는 것이다. 더 위험한 것은 동일 장소에 있는 법인이 동일 장소에서 동일 대표에 동종업종 제품을 생산하는 법인을 설립하게 되면, 이것은 엄연한 위장창업이 된다. 그렇기 때문에, 신규 법인의 설립하는 장소가 반드시 기존 장소와 달라야 이것을 창업으로 인정받게 된다.

지금까지 설명한 세 가지 조건을 모두 다 만족해야 하는데 이것을 다시 정리해보면, 설립하는 회사는 반드시 법인으로 해야 하며, 기존 사업자는 절대로 폐업을 해서는 아니 되며, 끝으로 신규 법인의 설립 장소가 달라야 한다는 것이다.

이러한 경우에 한해서만 동일 대표, 동종업종, 동일 제품을 생산하는 신규 법인이 창업으로 인정받을 수 있고, 바로 이러한 창업 전략을 '101호 102호' 전략이라 부른다.

여기에 덧붙여 한 가지 주의할 점을 당부하자면, 제사보다 젯밥에만 정신이 팔려서는 안 된다는 것이다. 기업의 가장 중요한 설립 목적은 적법한 테두리 안에서의 효과적인 이윤의 창출과 극대화라 할 수 있다는 것이다. 일부러 창업기업들에게 지원하는 창업과제 신청을 위해 일부러 법인을 새로 창업하는 것은 어리석은 행동이라 하겠다.

떡 본 김에 제사를 지낼 수는 있지만 떡 보려고 일부러 제사를 지낸다면 이것은 주객이 전도된 어리석은 행동이다. 새로 법인을 설립한 김에 창업성장과제를 이용하라고 하는 이야기이므로 오해하지 않기를 바란다.

"아니, 창업한 지 10년이 넘은 기업에 창업성장기술개발사업을 추천해 줍니까? 실력 있는 전문위원이 맞습니까?"

오전 일찍부터 전문위원단 콜센터로 걸려온 전화에서는 몹시 흥분한 목소리가 흘러나왔습니다.

마침 오전부터 출근한 당직 전문위원이 있어서 전화를 돌려 상담이 시작되었습니다. 경위를 알아보니, 얼마 전에 이 기업을 방문하여 기업R&D역량진단을 해 주었던 우리 협회의 전문위원 한 분이 "10년이 넘은 기업도 얼마든지 창업성장기술개발사업에 신청할 수 있다."고 해서, 본인이 직접 중기부에 연락하여 알아보았더니 창업한 지 7년 미만인 기업들만 신청할 수 있는 것이라고 답변을 받았다는 것입니다. 그러면서 왜 협회의 전문위원은 10년 넘은 기업도 창업성장기술개발사업에 신청할 수 있다고 했는지, 엉터리 컨설팅 상담이 아닌지 불만이 섞인 클레임이었습니다.

이야기를 차분히 다 듣고 난 뒤에 당직 전문위원은 차분하게 질문을 시작했습니다.

"협회 전산에 기록된 상담이력을 보니, 10년 넘게 오랫동안 하나의 법인으로 식품제조와 유통을 함께 운영하신 것으로 되어 있네요. 그런데 이번에 새롭게 제조법인을 신규 창업하신다고 했는데, 맞습니까?"

전화 건너편에서 CEO는 본인의 상담이력이 전산에 그대로 다 남아 있음에 놀랐는지 흥분한 태도에서 급변하여 "네네… 맞습니다." 라며 어느새 의사 앞에 온 환자처럼 조용해져서 상담을 받았습니다.

"아마도, 방문을 드렸던 전담 전문위원님께서는 101호 102호 전략을 말씀

드린 것 같습니다. 혹시 이 전략에 대해 들어 보신 적이 있습니까?"

전문위원의 질문에 CEO는 "네, 101호, 102호 뭐라고 그러던데 그게 어떻게 해서 창업기업이 되는지 설명도 제대로 안 해 줘서…." 라면서 말꼬리를 흐렸습니다.

이에 다시 당직 전문위원은, "중기부에서 공식적으로 발표한 자료에 따르면, 동일 품목 제조법인이라도 설립하는 장소가 다르면 이것을 창업으로 인정한다고 되어 있습니다. 지금 신청서에 기재된 이메일 주소로 해당 문서를 보내드리도록 하겠습니다. 어쨌거나 대표님이 이번에 설립하는 신규법인이 지금 있는 주소지와 다른 곳에서 설립되면 창업기업으로 인정받으실 수 있습니다. 더 궁금하신 것은 없으십니까?" 라고 깔끔하게 정리를 해드렸습니다.

상담 내용에 감동을 받은 CEO는 "아~ 네, 잘 알겠습니다. 이제 궁금증이 풀렸습니다. 그럼 그때 방문하셨던 전문위원님 말씀이 맞는 말씀이었군요. 아침부터 실례가 많았습니다." 라며 황급히 전화를 끊으려 했는데, 상담 전문위원이 덧붙여 "대표님, 대신 신규법인을 창업한 이후에 기존에 있는 법인을 폐업하면 포괄양수도로 처리되므로 절대로 폐업하면 창업으로 인정받을 수 없습니다. 이 점 꼭 유의하셔야 합니다." 라고 부연 설명까지 마무리 하였습니다.

나중에 방문했었던 전담 전문위원을 통해 들은 이야기로는, 그로부터 며칠 후 직접 그 식품제조회사 대표로부터 전화 한 통화를 받았는데, 본인이 오해를 해서 죄송하고, 앞으로 어떤 절차로 어떻게 신규법인을 창업하며 되는지, 신규 창업한 법인으로 어떤 R&D과제에 어떻게 도전하면 되는지 도움을 달라고 하여, 현재 창업 법인 설립에 도움을 주고 있으며, 신규 창업 법인이 설립 완료되면, 협회에 협약심사 신청을 하겠다고 했습니다.

결국, 그 식품제조 기업은 친절하고 꼼꼼한 전담 전문위원의 배려로 인해 우리 협회의 협약심사를 무사히 통과하였고, 2018년도 창업성장기술개발사업에 신규법인으로 신청하여 한 번의 재도전 끝에 당당히 선정되었으며, 이제는 스스로의 힘으로 과제를 발굴하고 신청하는 수준에 이르게 되었습니다.

가끔 우리 협회의 기업R&D 지도사님들은 외부에서 컨설팅 활동을 하다 보면, 거짓말쟁이로 의심받는 경우가 있습니다. 3개월 넘게 걸려 준비해야 하는 이노비즈 인증 준비를 "3일 안에 할 수 있다."는 것이나, 한 달에 한 개도 출원 못 하는 특허를 "한 시간에 5개 이상 출원할 수 있다."라는 말을 들으면 처음에는 많은 사람들이 '말도 안 되는 소리, 기업을 현혹시키려고 책임도 못 질 말을 함부로 하네.' 라고 생각하는 경우가 있습니다. 하지만 조금만 관심을 갖고 귀를 기울이면, 이 모든 것이 모두 실현 가능한 것들이라는 것에 놀라움을 감추지 못하게 됩니다.

10년 넘은 기업도 7년 미만의 기업들만 참여하는 창업성장기술개발사업에 신청할 수 있다는 이 사례도 그러합니다. 관심 있게 기업R&D 지도사의 말에 귀를 기울여 보면, 거기에는 불가능한 것처럼 보여도 이것이 가능하도록 하게 하는 노하우와 최신의 정보가 있습니다.
그래서 '정책자금 지식'이라는 말이 있는 것이고, 이 '정책자금 지식'이 부족한 기업은 이 신지식을 전달하는 기업R&D 지도사의 말에 믿음을 갖고 귀를 기울이는 것이 유리하다고 하겠습니다.

성장

살아 숨 쉬는 것들은 다 성장합니다.
성장하면, 털이 듭니다.

'털든다'의 다른 말은 부담을 느낄 줄
안다는 것입니다

조직도 그러합니다.

성장하지 않으면 퇴출당하고
성장한다는 것은 직택에 걸맞는
부담을 기꺼이 느껴야 하는 것이고
이 부담은 기꺼이 들길 줄 알아야 하겠습니다.

솔직함

싫으면 싫다!
좋으면 좋다!
분명해야 합니다.

싫어도 좋은 척,
좋아도 싫은 척하는
포커페이스는 절대로
신뢰를 둘 수 없습니다.

신뢰의 시작은
솔직함부터입니다.

실적

조직에서 꼭 필요한
사람이 되는 방법은

그 사람이 꼭 필요하다고 말해 주는
누군가가 있어야 하는데,

그 누군가는 바로 내가 일궈낸 실적들이며
이건들이 나를 필요 인재로 만든다는 것입니다.

실적은 믿을 만한 최고의 보험입니다.

스페어 타이어는 말 그대로 타이어가 펑크날 때를 대비한 예비 타이어를 의미한다. 즉 스페어 타이어는 긴급한 상황에서 임시방편으로 불량 타이어를 대체하여 카센터까지 가기 위한 긴급복구용으로만 사용할 수 있도록 만들어져 있다.

정책자금 스페어 타이어 전략은 기업부설연구소를 설립하면서 연구전담요원을 제때 고용하지 못해 어려움을 겪는 기업들이 유용하게 임시로 사용할 수 있는 전략이다. 고용보험에 가입되어 있지 않은 사람을 자사의 연구전담요원으로 등록하고, 4대 보험에 가입시켜 겸직을 할 수 있게 하는 방법이다.

해당 연구전담요원의 겸직이 가능한 이유는 4대 보험 중 고용보험을 제외한 직장건강보험, 국민연금, 산업재해보상보험은 타사에 중복해서 가입이 가능하기 때문이다. 고용보험은 이중취득이 인정되지 않으므로 주 사업장에서만 납부하면 된다.

주 사업장의 기준은 월 급여나 소정 근로시간의 많고 적음을 떠나 고용보험에 가입되어 있는지 여부에 따라 결정된다. 최근 경기침체와 멀티 플레이어를 선호하는 이들로 인해 복수의 회사에서 일을 하는 사람들이 많아진 이유도 있지만 이런 전략은 연구과제 직전에 급하게 사람을 구해야 할 때 사용할 수 있는 임시방편적인 전략이다.

그렇지만 당장 정책자금을 위해 기업부설연구소를 시작해야 하는 CEO라면 반드시 활용해야 할 전략이다. 해당 기업들이 겸직하는 직원의 급여는 시급 기준으로 최저임금 수준 이상만 만족하면 되며, 주 5일이 아니라 주 1일 근무로 하는 경우, 급여와 기업이 부담하는 4대 보험 분을 다 합산해도 그 비용이 20~30만 원 수준으로 그렇게 큰 부담이 되지 않는다.

기업부설연구소를 처음 만드는 기업이 연구전담요원을 구하지 못할 경우 임시방편으로 연구전담요원의 수를 맞추어 놓은 것이며, 추후 정식으로 연구전담요원이 채용되면 바로 인원 변경신고가 가능하다. 임시 연구전담요원으로 일하는 직원이 다른 회사를 그만 둘 경우, 자사에서 근무가 가능하기 때문에 기업들이 유용하게 사용할 수 있는 전략이다.

위 전략은 임시방편으로 연구전담요원 수를 맞추어 놓은 것이다. 따라서 정책자금을 받기 위해 전략적으로 잘 활용하되, 결국 정식 연구전담요원을 고용하여 연구전담요원이 연구과제를 수행하고, 신제품개발에 역점을 두는 것을 더 중요하게 생각해야 한다.

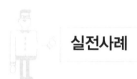
기업부설연구소 연구전담요원을 최소 인원으로 하여 신고한 경우, 간혹 예
상하지 못한 결원 발생으로 어려움을 겪는 일이 있다.

올해 초에 있었던 일이다. 전문위원단에 소속된 한 전문위원이 긴급히 그
룹웨어 메신저를 통해 본인이 케어 하는 멘티기업의 대표로부터 아침에 긴
급히 전화가 와서는, 기업부설연구소 연구전담요원 한 명이 일신상의 이유
로 자진 퇴사를 하겠다고 사표를 제출하였다는 것입니다. 그래서 기업명
을 밝히지 않고 기업부설연구소의 인허가를 담당하는 한국산업기술진흥
협회 콜센터에 전화해서 문의를 했더니, 결원 발생 후 일주일 안에 자진하
여 신고를 하지 않으면 불이익이 있다고 자진취소 절차를 안내하면서 회
사명을 묻기에 다급히 전화를 끊었다고 합니다. 그리고는 바로 전담 전
문위원에게 전화해 마땅한 방법이 없는지 문의를 해 와서, '스페어 타이어
전략'을 지도해 주었는데 적절하게 잘 한 것인지를 물어 온 것이었습니다.

우리가 잘 알고 있는 4대 보험 중에, 고용보험을 제외한 나머지 보험(의료
보험, 국민연금, 산재보험)은 복수가입이 가능한데, 주위를 잘 둘러보면 고용보
험에 가입하지 않고 직장에 다니는 인재들이 생각보다 많습니다. 바로, 이
들을 임시로 자사에 4대 보험을 가입시키고 기업부설연구소의 연구전담요
원으로 등록해 두는 것이 스페어 타이어 전략입니다.
그렇다고 허위로 서류를 작성하라는 것은 절대로 아닙니다. 주 2시간이라
도 실제로 기업에 와서 근무를 하도록 해야 하며, 주 2일 근무조건에 맞춰
근로계약서를 작성하고 4대 보험에 가입을 하는 것입니다. 이렇게 할 경

우, 기업 입장에서는 기업부담금을 모두 다 포함하더라도 주 40시간 근로자 대비 1/10 미만 수준의 비용밖에는 들지 않습니다.

그런데 몇 주 전에 다시 이 멘티기업을 케어 하고 있는 전문위원으로부터 긴급한 전화 연락을 받았습니다. 멘티기업 대표로부터 지금 한국산업기술진흥협회에서 기업부설연구소에 대한 불시에 긴급 점검을 받고 있는데, 주 2시간 근로계약한 사람이 현재 외부에 있다고 해서 직접 핸드폰으로 전화를 했는데 다른 회사에서 근무하고 있는 것으로 확인되어 이 상황을 어떻게 수습해야 할지 몰라 잠시 자리에서 빠져나와 긴급히 전화를 하고 있다고 했습니다.

필자는 "스페어 타이어 전략은 말 그대로 임시방편으로 사용하는 것이고, 최대한 빠른 시간 안에 풀타임 직원으로 교체를 했어야지, 지금까지 이대로 있었으면 어떻게 하느냐, 도로에서 펑크가 나서 긴급히 스페어타이어로 교체하면 그 상태로 카센터로 갔었어야지 무모하게 서울에서 부산까지 차를 몰고 가면 어떻게 하느냐."는 말과 함께 짧은 시간임에도 필자가 알고 있는 한 사람의 사례를 이야기해 주었습니다.

"하루 6시간 무역회사의 영업사원으로 근무를 하고 있는 사람이 퇴근해서는 밤 8시부터 다음날 아침 6시까지 무려 10시간을 대리운전 기사로 아르바이트를 뛰고 있지만, 이 사람의 본업은 대리운전 알바가 아니라 4대 보험에 가입되어 있는 무역회사입니다. 따라서 비록 주 2시간 근무를 하고 있지만 4대 보험 가입이 되어 있는 바로 이 직장이 주 직장이고, 4대 보험 가입 없이 현재 일하고 있는 그 직장이 바로 '아르바이트'인 것입니다."

이 말은 다행히 현장 점검을 나온 담당자에게 그대로 전달되었으며, 4대 보험 가입서류와 실제로 주 2시간 근무일지를 확인하고서는 별다른 문제가 없는 것으로 확인하고 아무 일 없이 그대로 돌아갔다고 합니다.

스페어 타이어를 달고 목적지까지 그대로 주행하더라도 그것이 교통법을 위반하는 것은 아닙니다.
하지만 생명의 안전을 위해서라면 당연히 가장 가까운 카센터를 방문하여 정상 타이어로 교체하는 것이 먼저입니다.

이 일로 전담전문위원과 멘티기업은 스페어 타이어 전략에 대해 깊이 체험하게 된 계기가 되었으며, 그 일이 있은 지 일주일 후 스페어 타이어를 정상 타이어로 교체했다는 소식을 들을 수 있었습니다.
지금 생각해보면, 편법으로만 스페어 타이어 전략을 인식하고 있음으로 하여 자칫 큰 사고가 날 뻔 했던 아찔한 순간으로 기억되지만 그래도 스페어 타이어 전략을 적시에 사용할 수 있어서 기업부설연구소 인정서를 잘 유지할 수 있었다는 점에서 참으로 다행이었다고 생각합니다.

인재 1

어떤 인재가 될 건인가.

기본도 못 하는 사람….
기본밖에 못 하는 사람….

문제는 '기본'이 아니라 '못 하는'입니다.

퇴소한 기본이라도
'할 수 있는' 인재가 되어야 합니다.

머뭇거림

나서야 할 때
머뭇거리다가는
평생을 머뭇거리게 됩니다.

그 머뭇거림은
곧 미련과 후회로 변하게 됩니다.

머뭇거릴 때가 바로 나서야 할 때입니다.

능력 2

우리에게 필요한
능력 있는 사람이란

불가능한 것을
가능하도록 만드는 사람이 아니라

가능한 것을
우리가 필요로 하는 시간에
실행할 수 있는 사람입니다.

함정 파기와 버티기 전략

기업부설연구소(연구전담부서)를 산기협(한국산업기술진흥협회)에 신고할 때 유용한 전략으로 앞에서 '스페어 타이어 전략'을 소개했다. 이번에는 그와 짝을 이룰 수 있는 2개의 전략을 추가로 소개하고자 한다.

우선 '함정파기' 전략을 소개하자면, 말 그대로 함정을 파놓고 상대가 걸려들도록 '작전'을 짜는 것이다.

예를 들면, 연구전담요원의 자격요건에서 이공계열 학과를 졸업한 학력이 필요한데, 당시 다녔던 전문대에서는 이공계열이었던 디자인학과가 4년제 대학교로 바뀌면서 예술대로 편입되어 난감한 경우가 있다. 또는 최소 1년간의 연구경력을 증빙함에 있어서 관련 학과를 졸업하였거나 관련 자격증을 보유하고 있어야 하는데, 이 부분에 대한 명확한 증빙이 애매한 경우도 있다. (신고하는 기업부설연구소가 경영컨설팅과 관련한 연구 분야인데, 졸업한 학과가 화학공학과인 경우 등등)

이럴 때는 심사관의 눈을 다른 쪽으로 돌려 시선을 분산할 필요가 있다. 즉 눈에 금방 띄도록 하기 위해 도면에서 가로 세로 길이 수치를 누락한다든지 별도의 연구소 조직도가 필요한데 회사 내 전체 조직도만 첨부한다든지 하는 의도된 실수를 2~3개 정도 만드는 것이다.

그러면 심사관은 금방 눈에 띄는 사항에 대해서만 보정의견을 내려 보내게 되고, 이렇게 내려온 보정의견에 대해서만 보완을 하게 되면 최초 보정의견에서 언급되지 않은 사항에 대해서는 보완을 하지 않아도 되는 것이다. 즉 이렇게 의도된 실수를 눈에 금방 띄도록 하여 이것이 보정의견으로 지적이 되도록 만드는 동안 정작 불안한 요소에 대해서는 지적을 피해가도록 하는 방법이 '함정파기' 전략이라 하겠다.

한편, '버티기' 전략이라는 것이 있다. 이것은 최소로 요구되는 연구전담요원의 수에 결원이 발생하였을 때, '기업부설연구소 업무편람'에 안내되어 있는 대로 일주일 이내에 결원에 대한 신고를 곧이곧대로 하게 되면, 유효한 인정서가 취소처리 된다.

이때, 스페어 타이어 전략을 사용하여 임시로 비상조치를 취해도 되지만 스페어 타이어 전략도 용이하지 못한 경우에는 '그냥 버티면 된다.'

버티는 동안에는 행정적으로 기업부설연구소(연구전담부서) 인정서가 계속 유효할 수밖에 없으며, '산기협'이 아닌 타 기관에서 현장평가를 받을 때에도 결원을 문제 삼지는 않는다. (왜냐하면 인적 물적 요건을 평가하러 온 것이 아니므로)

그러나 너무 오래 버텨서 퇴사한 직원이 다른 회사의 연구전담부서로 산기협에 신고가 되면 오히려 동일인에 대한 중복이 지적되어 강제취소를 당할 수 있는 위험이 있으므로 이러한 점은 반드시 감안하고 주의를 해야 한다.

이러한 버티기 전략은 스페어 타이어 전략을 당장 활용하기 어려운 상황에서나 스페어 타이어 전략을 실행하기 전까지 임시로 사용하는 것이지 주구장창 이 상태로 계속 버티다가는 오히려 괘씸죄에 걸릴 수 있으므로 어디까지나 임시방편으로만 사용해야 한다는 점을 염두에 두어야 한다.

함정 파기 전략으로 기업부설연구소 인정서를 받는 데 성공한 기업의 사례 중에서 가장 기업에 남는 사례 하나를 말씀드리겠습니다.

경기도 하남에 위치한 이 기업은 계면활성세제를 개발제조하는 업체였는데, 기업부설연구소 신고에 필요한 연구전담요원 중 한 사람의 전공학과가 문제가 되었던 사례입니다.

그 연구요원이 졸업했던 당시에는 2년제 전문대였고, 당시엔 시각디자인 분야가 자연계열에 속해 있어서 2년 이상의 연구경력 증명서만 제출하면 문제없이 연구전담요원으로 편입될 수 있었습니다. 하지만 졸업 후 몇 년 뒤에 그 전문대가 4년제 종합대학교로 승격되면서 해당 디자인학과가 자연계열이 아닌 예술학부 편입되어, 졸업증명서를 발급받으면 예술학부로 기재되어 심사를 통과하지 못할 위기에 처하게 된 것입니다.

만일 그때 그대로 신청하도록 하였다면 당연히 승인 거절을 받았을 것인데, 동 멘티기업을 전담하던 전문위원이 생각해낸 것이 바로 '치누크 전략', 즉 '함정 파기 전략'이었습니다.

치누크의 '치'는 고의적으로 제출하는 서류에 '치수'를 누락하는 것으로 도면에 치수가 없으면 연구소 면적을 바로 계산할 수 없어서 연구소 인정을 심사하는 담당자는 보정의견을 신청기업에 내려보내게 됩니다.

치누크의 '누'는 도면에 표시된 책상이 누구의 책상인지 이름을 명시하도록 되어 있는데, 이것 역시 고의적으로 누락하게 되면 당연히 보정을 받게 됩니다.

치누크의 '크'는 첨부하는 '그림'을 말하는 것인데, 기업부설연구소 신고 시에 필요한 그림의 종류는 기업부설연구소 내 사진을 각 네 개의 코너에서 중앙을 향하여 사진을 찍어야 하며, 이때 반드시 천정이 나오도록 규정하고 있습니다. 또한 기업부설연구소의 출입문과 현판 사진도 함께 제출되어야 하는데 이 사진들은 하나의 페이지에 삽입하여 별도로 편집하지 않고 여러 장을 사진 이미지 파일로 하나씩 업로드 제출하게 되어 있습니다. 이때 고의적으로 현판 사진을 누락한다든지 네 개의 코너 중 하나의 사진을 누락한다든지 하면 이것 역시 지적을 받아 보정의견을 받게 됩니다.

이러한 보정사항은 단 10여 분 안에 수정, 보완하여 다시 제출할 수 있는 것들입니다. 하지만 출신대학교의 졸업학과를 변경하는 것은 사실상 불가능한 일이었습니다.

이렇게 치누크 전략을 활용하여 금방 눈에 띄는 지적사항을 만들어 서류를 제출하였고, 다행히 예상대로 심사 당당자로부터 위 세 가지에 대한 보정을 회신받게 되었습니다.

이렇게 지적된 보정의견에 대해서만 수정, 보완하여 다시 서류를 제출하였고 결국에는 무난히 기업부설연구소 인정서를 발급받을 수 있었습니다. 이렇게 지적을 받게 되면 당장 수정이나 보완 조치가 불가능한 경우가 발생할 경우, 일부러 다른 쪽으로 시선을 돌리기 위해 사용되는 것이 바로 '치누크 전략', 즉 '함정파기 전략'입니다.

이 전략을 현장에서 처음 시도했는데도 거짓말처럼 완벽하게 성공한 것을 보고 전담 전문위원이 더 놀라움을 감추지 못했는데, 그 표정이 지금도 기억에 생생합니다.

작품

작품과 상품은 차이가 있습니다.

상품에는 없고 작품에만
있는 것들 때문에 그러합니다.

작품에는 철학과 정성과 신념이
담겨 있기 때문입니다.

업무에 있어서도 그러합니다.

내 업무를 상품으로 만들건인가
작품으로 만들건인가는

내가 작가의 마인드로 일하느냐
공돌이, 공순이의 마인드로
일하느냐에 따라 달라집니다.

책임 2

점 하나 찍을 때도
둘 하나 그릴 때도

모든 건에는 이유와 명분이 있고
또 거기에 따른 책임이 있습니다.

조류를 따라 흘러가는 해파리가 되지 말고
거센 물날을 가로지르는 힘찬 돌고래가 되어 두세요.

게임

게임에서 이기는 방법은
이길 때까지 포기하지 않고
게임을 계속하는 것입니다.

일을 잘하는 것도 중요하지만
제대로 방향을 잡았다면
포기하지 말고
꾸준히 전진해야 합니다.

이것이
업무에서 이기는 방법입니다.

숟가락 전략

소위 "묻어간다." 라는 말을 흔히 사용한다. 이 말은 어떤 복잡하고 어려운 일을 처리함에 있어서 대표로 나서주는 누군가가 있어서 그 뒤만 따르면 저절로 일이 해결되곤 할 때 쓰인다.

국내 최고의 인증이라 할 수 있는 NEP(신제품인증)나 에너지 관련 기업들에게는 필수 인증으로 자리매김하고 있는 녹색인증 같은 것이 그 대표적인 사례라 할 수 있다. 이러한 인증을 받기 위해서는 준비를 하는 데만도 상당한 비용과 시간이 소요된다.

이때 열심히 준비하는 A라는 회사가 있다면, 이 A사와 협력관계에 있는 B사는 숟가락 하나만 준비하면 된다. 즉 A사에서 인증 받고자 하는 제품에 B회사의 부품을 사용하도록 하기만 하면 된다.

이렇게 A회사의 인증 받을 제품에 B회사의 부품이 사용된 것만으로도 인증심사를 받을 때는 공동신청이 가능하다. 모든 인증심사에 필요한 평가절차(현장평가, 발표평가 등)는 A회사에서 다 진행하게 되며, 그 결과에 따라 A회사가 인증서를 발급받게 되면 B회사에도 숟가락을 함께 얹었다는 이유 하나만으로 동일한 번호의 인증서가 발급된다.

이렇게 복잡하고 어려운 인증심사에 있어서 숟가락 하나만 들고 쉽게 묻어가는 전략, 이것을 우리는 '숟가락 전략'이라고 부른다.

녹색인증제도가 처음 나왔던 2010년으로 기억합니다. 당시 필자는 처음으로 시행되는 녹색인증제도에 필자가 컨설팅하고 있는 조명기기 기업이 1호의 영예를 얻도록 하기 위해 몇 달 전부터 철저한 준비를 해오고 있었습니다.

신청서류를 제출하기 2주 전, 필자는 긴급한 SOS 구원요청을 받았습니다. 다름이 아니라 필자가 몇 년 전에 NEP 인증과 관련해 도움을 주었던 한 중전기기 기업으로부터 긴급히 녹색인증이 필요하다고 연락이 온 것입니다. 왜 녹색인증이 필요한지 그 이유를 묻자, 조달청에서 NEP 인증을 받은 제품들끼리의 경쟁이 심하다 보니, 이번에 녹색인증을 획득한 기업들에게 30%의 가점을 주는 제도가 마련되었다는 것입니다.

문제는 필자가 이미 녹색인증 1호의 대상기업으로 이 기업을 검토하였다가 녹색기술인증에 필요한 시험성적서가 없어서 당장은 어렵겠다는 판단을 내려 뒤로 미루어 놓았던 상황이었던 터여서 선뜻 녹색기술인증이 가능하다는 확답을 해 줄 수는 없었습니다.

사흘 동안 고민을 한 끝에 필자는 과거에 그러했던 것처럼 NEP 인증에서 숟가락 전략을 통해 공동신청을 함으로써 승인을 받게 되면 쌍둥이 인증번호가 나오게 되는 것처럼 녹색인증도 공동신청이 가능할 수 있도록 급히 전략을 수정했습니다.

따라서 녹색인증 1호를 준비하고 있던 조명기기 기업과 SOS를 요청한 중전기기 기업이 서로 만날 수 있도록 주선했고, 중전기기 회사에서 녹색인증 1호를 준비하고 있던 자동조명점멸 장치에 공급할 수 있는 부품이 있는지

검토해보도록 하였습니다. 드디어, 48시간의 밤샘 검토 끝에 그 해답으로 MC(마그네트 스위치)를 찾아내는 데 성공했습니다.

두 회사는 녹색기술인증 신청서를 공동신청으로 준비했고, 당연히 1호 인증을, 그것도 공동 1호를 기대하고 있었으나 일주일 뒤, 신청이 반려되었다는 소식이 들려왔습니다. 공동신청 규정이 없기 때문에 개별적으로 신청을 해달라고 하는 이유였습니다.

그래서 직접 공문 초안을 잡아, NEP 인증에는 "공동신청 규정이 있는데, 왜 녹색기술인증에는 이런 공동신청 규정이 없는 것인가? 공동신청이 불가하다는 구체적인 근거를 서면으로 명시하여 회신해달라."고 요청하였습니다.

그리고 2주일이 지나서 "공동신청을 반려하는 것은 적절한 조치라고 할 수 있는 적법한 규정이 없으므로…." 라고 하는, 두세 번 말을 꼬아 놓은 공무원들의 민원처리 방식 특유의 답변을 받고서야 비로소 다시 녹색인증을 신청하게 되었는데, 아쉽게도 1호 등록의 영예는 결국 다른 기업에 내줄 수밖에 없었습니다.

기억을 더듬어 보자면, 10년도 더 지난 일이고 비록 1호 등록의 영예는 놓쳤지만 그 일을 계기로 녹색기술인증이 필요했던 많은 기업들에게 녹색인증을 보다 수월하고 빠른 시일 안에 해 줄 수 있었던 전략 역시, 바로 이 '숟가락 전략'이 들어맞았던 것으로 기억됩니다.

기도

먹지도 않을 아이스크림 앞에 놓고
아이스크림이 다 녹을 때까지 기도했다고
그 오래한 기도가 과연 효과적인 기도일까요?

기도는 길이와 반복으로 하는 게 아닙니다.
기도는 깊이와 믿음으로 해야 합니다.

업무처리에 있어서도 확신과 신념, 그리고
임펙트 있는 추진력으로 밀고 나가야 합니다.

무의미한 시간 죽이기는 결국
자기 자신을 죽이는 겁니다.

내비게이션

타량만 내비게이션이
필요한 것이 아닙니다.

업무에 있어서도
내비게이션이 필요합니다.

현재 제대로 길을 가고 있는지,
어디서 회전을 해야 하며,
현재 내가 있는 위치가 어디인지,
항상 인지하여야 합니다.

객관적으로 스스로의 직무와 실적을
파악할 줄 알아야 합니다.

그래야 매너리즘에 빠지지 않습니다.

금광

금광에서 곡괭이질 하면서 아직까지 한 번도 금을 본 적이 없는 광부,
금광에서 곡괭이질 하다가 처음으로 금을 본 적이 있는 광부,
금광에서 수도 없이 금을 캐본 광부.

문제는 곡괭이를 왼손으로 잡느냐, 오른손으로 잡느냐가 아닙니다.
금광에 들어온 이상 누구든지 금을 캐는 게 목적입니다.

아직 한 번도 금을 캐보지 못했으면서 금인지 돌인지
구분도 못하면서 여전히 곡괭이질 하고 있는 자가
수도 없이 많은 금을 캐본 전문가의 말을
들으려 하지 않는경우가 많습니다.

왜 남의 금광에 들어와서 금이 나오니 안 나오니 불평하고 앉아 있지요.
그냥 곡괭이 놓고 이 금광을 떠나면 됩니다.
떠나라고 등 떠밀어도 나가지도 못할 위인들이
왜 이리 지독히도 말을 안 듣는 걸일까요?

고작 1미터 곡괭이질 해놓고 금 안 나온다고
불평하는 꼴을 보고 있노라면 한숨만 나옵니다.

금은 100미터, 200미터 깊은 땅 속에서 나오는 겁니다.
그러니까 금광입니다.

모든 업종의 기업이 무담보·무이자·무상환 조건의 정부출연금, 즉 R&D과제를 신청할 수 있는 것은 아니다.

출연 연구소나 대학교에서의 R&D가 원천기술을 개발하는 R&D라면, 기업에서 진행하는 R&D는 신제품을 개발하는 R&D가 거의 대부분이다. 이렇게 신제품을 개발하고 양산하여 판매하는 기업의 업종은 과연 무엇일까?

맞다. 제조업이다. 물론 무형의 제품을 개발하고 판매하는 '소프트웨어 개발 및 공급업'이 있기는 하지만 유형의 제품을 개발하는 과제를 수행하기 위해서는 신청하는 기업이 제조업이 아니라면, 제조업종도 없이 어떻게 제품을 제조·양산할 것인지에 대한 지적을 받게 된다.

그러나 제조업을 기업의 주업종으로 할 필요는 없다. 통상 사업자등록증에서 맨 위에 있는 업종이 기업의 '주업종'인데, 주업종은 기업에 하나씩만 존재하는 반면 부업종, 즉 업종 추가는 얼마든지 가능하다.

따라서 기업R&D를 진행하면서 현재 기업에 '제조업'이 없는 경우라면 '제조업'을 부업종으로 추가해 넣고 신제품 개발과제에 신청하면 된다.

여기서 '공장'도 없이 어떻게 제조업종을 추가할 수 있느냐에 대한 반문이 있을 것이다. 그것도 그럴 것이 세무서에 가서 '제조업종'을 추가하려고 하면 담당 공무원은 '공장등록증'을 제출하라고 하기 때문이다.

그러나 이때 말하는 '공장등록증'이 반드시 본인이 운여하는 공장등록증을 의미하는 것은 아니다.

우리나라에 중소기업은 대략 360만 개가 있고, 이중 10%인 36만 개가 '제조업'을 주업종으로 하고 있다. 그런데 우리나라에 등록된 공장 수는 이 중에서 50%에 해당하는 18만 개 정도다. 즉 주업종을 제조업으로 하고 있는 제조업체조차도 18만 개는 자가 공장이 없이 외주생산(OEM) 공장을 이용하고 있는 실정이다. 하물며 제조업이 주업종이 아닌 기업들은 말할 것도 없이 대부분이 OEM 공장이라고 해도 과언이 아니다.

OEM 공장이란, 공장을 소유한 제조업체와 '외주생산계약'을 체결하여 생산 의뢰한 제품을 납품받는 형식으로, 제조 시 소요된 재료비와 공임비를 결제하고 제품을 납품받게 되는 형식의 계약이다. 즉 외주생산업체로부터 받는 '제조원가명세서'상의 금액이 원청(제조를 의뢰한)의 제조 매출이 되는 것이다.

그렇다면, "주업종이 건설업이나 무역업, 서비스업, 도소매업종 등과 같이 비제조업종이 어떻게 '외주생산계약'을 체결할 수 있느냐?" 라는 추가 반문이 있을 것이다.

그러나 외주생산계약을 체결하는 것은 그리 어렵지 않다.

지금까지 외부로부터 제품을 납품받았다면, 공급처 중에서 공장을 보유한 제조업체와 '외주생산계약'을 체결하고, 납품 받고 있는 제품의 상표를 원청(생산 주문을 하는 기업)의 상표로 바꾸어 납품하도록 하기만 하면 된다.

이때 유의할 것은 공장을 보유한 제조업체의 사업자등록증에서 '외주생산'이나 '외주가공' 등과 같이 외주생산을 할 수 있는 업태가 있어야 한다는 점과 납품을 받을 때는 반드시 '제조원가명세서'와 '공임비'를 구분하여 받아야 한다는 것이다.

이것만 무리 없이 잘 진행된다면, 기업의 재무상황표에서 이전에는 볼 수 없었던 '제조매출'을 직접 눈으로 확인할 수가 있게 될 것이고, 제조전업률(제조매출이 전체 매출에서 차지하는 비율)이 30%를 넘게 되면, 비록 제조업이 주업종이 아니더라도 각종 금융심사에서 주업종이 제조업종인 제조기업들과 사실상 동일한 대우를 받게 된다.

한편, 이러한 외주생산계약은 국내공장을 보유하고 있는 제조업체와도 가능하지만 해외공장을 보유한 해외기업들과도 얼마든지 체결할 수가 있다. 즉 세무서에서 '공장등록증'을 제시해달라고 하면 해외에 있는 공장등록증을 제시하고, 그 공장을 보유한 해외기업과 체결한 OEM 계약서를 보여주면 제조업종을 쉽게 추가할 수가 있다.

특히, 기업의 매출규모가 다른 업종보다 크며, 주업종이 건설업이나 도소매업종의 중소기업이 이렇게 제조업종을 추가하게 되면, 과제를 통해 신제품을 개발하고자 하는 기업의 매출이 큰 것으로 보여질 수 있기 때문에 과제 선정에도 유리한 입지를 점할 수 있다.

실전사례 — 제조업으로 R&D과제신청을 한 건설회사의 대박 성과

10년 넘게 시공만 해온 한 건설회사 대표가 기업R&D역량 진단을 받으면서, "나라에서는 건설 경기를 부양한다는 말만 하면서 왜 건설회사에는 융자지원을 왜 안 해 주는지 모르겠다."면서 자금 조달의 어려움을 토로하며 한숨을 쉬었던 적이 있었습니다.

담보로 내놓을 부동산이 없으면 현실적으로 건설회사는 순수 신용만으로 보증기관이나 정책기금을 통해 자금을 융통하는 것이 사실상 불가능하다는 생각에 허탈감을 호소했던 것입니다.

반신반의하는 심정으로 기업R&D 진단을 신청했던 이 기업에게 소개했던 전략이 바로 '코스메틱 전략'이었습니다.

다양한 현장 토목공사의 수행 경험을 가지고 있던 이 건설회사와 상담을 하면서 전담 전문위원은, "현장에서 각종 공사를 하면서 건설기자재는 어떻게 조달하고 있는지?" 물었습니다. 대답은 "주로 건설기자재 도매상으로부터 공급을 받고 있다."는 것이었습니다.

전문위원은 "그렇게 조달하고 있는 기자재 중에서 직접 공장으로부터 수급 받는 기자재는 어떤 것들이 있는지?"를 다시 물었고, 생산 공장으로부터 직접 공급 받는 건설자재들이 생각보다 많음을 확인했습니다. 그리고는 그 중에 한 두 품목을 OEM으로 조달받을 수 있는지 알아보도록 주문하였고, 며칠 후 이 건설회사는 토목공사에 필요한 H빔을 비롯한 몇몇 건자재들을 OEM 생산으로 공급을 받을 수 있다고 했습니다.

결국 전담 전문위원은 생산공장과 외주생산계약을 체결하도록 하였고, 그 계약서로 제조업종을 추가하도록 코칭하였으며, 많은 건설자재 중에서 토목건설 현장에서 불편하거나 위험한 요소를 체크하여 개선이 시급한 건설자재를 리스팅하도록 지도하였습니다.

한 달 동안의 고민 끝에 나노 소재 강관파이프 이음쇄를 R&D과제 아이템으로 선정하였는데, 이 아이템은 기존 이음쇄를 개선하여 체결 강도를 높이면서도 현장 작업이 더 간편하도록 구상한 건설자재였습니다.

이 건설회사는 이와 관련한 특허를 3~4개 정도 출원하고, 3D 캐드 작업을 통해 신제품의 구조를 이미지화 설계작업까지 마친 후, 당시 중기청 R&D 과제를 중심으로 몇 개의 과제에 신청을 하게 되었습니다.

아쉽게 2억 원 규모의 과제는 서면평가에서 탈락했지만, 5억 원 규모의 과제에는 서면평가를 통과하고 대면평가까지 진출할 수 있었고, 아슬아슬하게 서면평가를 통과한 것과는 달리 대면평가에서는 생각보다 높은 점수로 합격점을 받아 모두를 놀라게 하였습니다. 물론 대면평가 준비를 잘한 과제 책임자의 공헌도 있었으나, 과제 책임자는 "무엇보다 심사위원들이 기업의 역량과 사업성에서 높은 점수를 준 것 같다."라고 하면서 "우리 회사의 매출규모와 건설현장 경험을 심사위원들이 높게 평가 한 것 같다."며 기쁨을 감추지 못했습니다. 그러면서 코스메틱 전략을 통해 건설업종에 제조업종을 추가해 차별화된 건설자재 아이템으로 정부R&D과제에 도전할 수 있도록 코칭해 준 전담 전문위원에게 거듭 감사를 표하는 것도 잊지 않았습니다.

이러한 코스메틱 전략을 통해, 주업종이 비록 제조업은 아니지만 건설업과 같이 매출규모가 상대적으로 큰 무역업, 도소매업, 해운업, 운송업 등을 영위하는 기업은 외주생산계약(OEM)을 통해 제조업종을 부업종을 추가하고, R&D과제를 제조 아이템으로 도전한다면, 심사위원들로부터 웬만한 제조업보다 더 높은 사업화 역량 점수를 받을 수 있어 평가에 유리한 입지를 확보할 수 있게 됩니다.

코스메틱Cosmetic은 사람만 아름답게 하는 것이 아니라 기업에게도 새로운 자금 조달의 기회를 줄 수 있는 코스 매직Course Magic이 될 수 있습니다.

공격

언제나 그러하듯이
최선의 방어는 공격입니다.

공격해도 결과가 없으면
무기 체계를 바꿔야 합니다.

팅그라운드에서는 우드를
페어웨이에서는 아이언을
그린에서는 퍼터를 사용해야 합니다.

그린에서 우드로 홀컵을 겨냥한 정교한 퍼팅은
성공보다 실패할 가능성이 더 큽니다.

다양한 무기 체계의 활용이 필요합니다.

물 1

때로는 물이 되어야 합니다.

물은 단순합니다.
높은 곳에서 아래로 흐릅니다.

앞이 막히면 돌아서 내려갑니다.
거센 물결은 바위도 단번에 깨뜨립니다.

지치지 않는 거센 물이 되어야 합니다.

꾸준함 2

꾸준함이 우수함을 이깁니다.
성과를 내기 위해 조급할 필요는 없습니다.

꾸준함이 곧, 우수함입니다.
조직에는 우수한 인재도 필요하지만
꾸준한 인재가 절실히 더 필요합니다.

기술사업계획서 작성의 노하우

정보진화론이란 조직 변화에 대한 시스템 이론가인 미국의 러셀엑코프 교수가 만든 것으로, 데이터DATA가 어떻게 정보(Information)가 되고, 다시 정보가 어떻게 지식(knowledge)으로, 다시 신지식(Wisdom)으로 진화해 가는지를 잘 설명해 주는 이론이다.

이 정보진화론 모델은 R&D과제에서 어떤 아이템을 개발과제 아이템으로 할 것인지 결정할 때 상당히 유용할 뿐만 아니라 기업에서 신제품을 구상하는 브레인스토밍 과정에서도 유용하게 사용되고 있다.

먼저, 수없이 널려 있는 데이터를 활용하고 써먹을 수 있는 정보(Information)로 바꾸기 위해서는 정리(Arrange) 절차가 필요하다. 즉 다양한 주제와 제목의 폴더를 만들고 그 폴더 안에 관련된 데이터를 수집하고 정리하는 작업을 통해 데이터가 정보로 진화를 하게 되는 것이다.

이렇게 만들어진 '정보'는 다른 '정보'와 일정한 상관관계를 가지게 되는데, 어떤 '정보'는 다른 '정보'의 이유와 원인이 되고, 또 어떤 정보는 다른 정보의 결과가 된다.

이러한 상관관계를 '정보'들이 갖게 되는 것을 우리는 '이론(Theory)' 또는 '논문'이라고 부르며, 이러한 작용을 통해 정보(Information)는 지식(Knowledge)

으로 진화하게 된다. 지식은 책이나 발표논문 등의 형태로 접할 수 있다.

"오늘날 한국의 부동산 경기가 왜 침체되어 있는가?" "오늘날 미국의 경제가 왜 호황을 누리고 있는가?"와 같은 질문에 대해 그 원인을 찾아 인풋과 아웃풋의 상관관계를 맺어놓은 것이 바로 지식(Knowledge)이라 하겠다.

그러나 지금까지 설명한 이 지식(Knowledge)은, 나도 알고 있지만 남들도 이미 다 알고 있다. 따라서 이러한 아이템으로 과제 개발의 아이템으로 삼는다든지, 이러한 아이템을 신제품으로 선정할 수는 없다.

그렇다면 나만의 아이템과 나만이 활용할 수 있는 데이터의 최종 진화의 목적지는 어디일까? 그것은 바로 신지식(Wisdom)의 단계이다. 우리는 보통 'Wisdom'이라는 단어를 '지혜'라고 번역하지만 보다 정확하게는 '신지식'으로 부르는 것이 적절할 것 같다.

데이터가 하루아침에 이러한 신지식으로 바로 진화할 수는 없다. 신지식, 즉 새로운 지식으로 발전하기 위해서는 반드시 지식(Knowledge)의 단계까지 진화가 되어야 하며, '지식' 단계에서 한 단계 진화한 것이 바로 '신지식(Wisdom)'이라 하겠다.

그러면 어떻게 '지식'이 '신지식'으로 진화할 수가 있을까? 여기에는 바로 '사고(Thought)'라는 절차가 필요하다. '사고'를 다른 말로 표현하자면 소화(Digest)라고 할 수 있는데, 남들도 다 알고 있는 지식을 나만 알고 있는 신지식으로 진화시키기 위해서는 충분한 사고와 충분한 소화가 필요하다.

이 과정을 통해 기존 지식의 문제가 무엇이며, 한계점이 무엇인지를 각성하고 발견해 내야 한다. 즉 기존 제품들의 문제점과 한계점을 충분히 파악하여 이러한 문제점과 한계점을 보완하기 위해 신제품에서는 어떤 기능이 필요한지 등을 심사숙고하는 단계가 바로, '사고(Thought)'의 단계라 하겠다.

이러한 '사고'의 단계를 거쳐서 나오는 '지식'이 '신지식'으로 진화할 수 있고 '신지식' 아이템이 곧 기술개발 아이템이 될 수 있으며, 신제품 아이템이 될 수 있는 것이다.

이렇게 지식 단계에 머문 수준에서 신지식 단계로 진화한 수준에 이르게 되면 자연스럽게 스토리텔링이 만들어지게 된다. 즉 우리가 개발하고자 하는 기술개발 아이템이 '주인공'이라면, 종전의 제품은 '악역'에 해당하며 이 '악역'이 만들어낸 불편함 점과 위험한 요소들이 바로 '갈등'에 해당하는 것이다. 이러한 '갈등'을 해소할 수 있는 해결책(Solution)이 곧 주인공, 바로 '신지식'이라 할 수 있는 '기술개발 아이템'이다.

이러한 방법으로 많은 기업들이 신제품이나 기술개발 아이템을 도출해낸다면, 이전보다 더 큰 효과를 볼 수 있을 것으로 확신한다. 즉 신제품이나 새로운 아이템이라고 해서 시간이 지나 저절로 생기는 것이 아니라 기존 기술이나 경쟁제품에 대한 충분한 분석과 파악 과정이 시제품 기획단계에서 먼저 선행되어야 제대로 된 신제품이 나온다는 것이다.

이름 2

사람에게는 두 개의 이름이 있습니다.

하나는 가족이 붙여준 이름이고
다른 하나는 사회가 붙여준 이름입니다.

나이가 들수록 사회적 이름이 갖는 비중이
더 커지고 더 많이 불려집니다.

그만큼 책임감과 권리도 점차 커지게 됩니다.

나의 사회적 이름에 대해 무한한 프라이드와
자신감이 있어야 하겠습니다.

그러면 그만큼 주위에서 나의 사회적 이름을
더 많이 불러주게 됩니다.

실수

실수 하나 하나는
한쪽 저울에 한 개씩 떨어지는
쇠못 하나 하나입니다.

그 쇠못 하나 하나가 무게를 더할 때
결국 저울은 한 쪽으로 기울고
저울이 한쪽으로 기울면
단두대의 칼날은 아래로 떨어집니다.

쇠못 한두 개로 저울이 기울지는 않지만
여기서 멈추지 않으면 그 단두대에
결국 화를 당하게 됩니다.

시간 1

모든 일이 그러하듯이
시작이 절반입니다.

일단 머리부터 넣고 그 다음에
천천히 몸통을 움직이면 됩니다.

우리에게 충분히 없는 것은
머리를 들이밀 대상이 아니라
주어진 시간입니다.

주어진 시간 동안
최선을 다해 많이
들이밀 수 있도록 합니다.

디지트(DIGIT) 전략

"효과가 크다, 기능이 많다." 등의 추상적이고 모호한 표현은 기업R&D과제를 수행함에 있어서 설득력과 공감을 얻기에 부족하다. 또한 기업R&D과제를 수행하는 과정에서 기술개발 목표치를 기업 스스로 정한다고 해서 그 평가방법 또한 자체평가로 해서는 안 된다. 반드시 제3자, 즉 외부에 있는 신뢰성 평가기관(공인시험기관)을 통해 개발한 신제품(기술)의 성능을 테스트하고 검증해 처음 목표했던 수치가 나오는지 여부를 증명해야 한다.

기업에서 R&D과제 신청을 할 때 목표로 하는 기술개발의 목표치는 구체적이어야 하고, 제3자가 검증 가능할 수 있도록 특정한 '단위'와 '수치'가 분명해야 한다. 단순히 "편리성이 많다."라고 하거나, '친환경적'이라고 만한다면 이것을 공인시험기관에서는 테스트할 수가 없기 때문에 과제심사 단계에서 자격미달로 서면평가에서 탈락처리될 수밖에 없다.

신제품(기술)의 성능을 어떻게 구체적인 수치로 표현해야 할까? 단순히 사용전압을 220V로 한다든지, 무게가 몇 kg이라든지 하는 것은 수치로는 표현될 수 있지만 이것은 신제품(기술)의 차별화된 특징이라 할 수 없다.

육상을 잘하는 초등학교 4학년생이 있다면, 100미터 달리기 몇 초, 멀리뛰기 몇 미터 등이 이 미래 꿈나무의 특징과 장점을 대표하는 것이다. 단순히 나이가 몇 살, 몇 학년이라는 숫자는 차별화된 특장점이 될 수 없다. 즉 특징과 장점 중에서 수치로 표현할 수 있는 항목을 신제품(기술)의 평가항목으로 정해야 외부 신뢰성평가기관으로부터 객관적인 검증이 가능한 것이다.

그런데 이렇게 제시하는 수치가 과연 우수한 수준인지 여부를 과제 심사위원이 어떻게 알 수가 있을까?

따라서 동 기술과 관련하여 세계 1위의 기업은 어디이며 그 기업의 수준은 어느 정도인지를 함께 명시도록 하고 있다. 또한 제3자가 해당 수치 여부를 검증할 때 어떤 시험환경과 어떤 방법으로 테스트를 해야 할 것인지를 참고하기 위해 참고할 만한 공인시험규격을 제시하도록 하고 있다.

이렇게 제시된 비교 수치와 대비하여 신청기업에서 목표치로 제시한 수치가 같거나 높아야만 기술력이 있는 것으로 평가를 받아 과제에 선정이 되는 것이고, 최종적으로는 결과물을 신뢰성공인시험기관을 통해 검증받고 목표한 수치를 만족했다는 것을 증빙해야 최종 평가위원회에서는 해당 R&D과제에 대해 '성공'이라는 판정을 받을 수 있는 것이다.

이 과정에서 과제에 선정되기 위해 무리한 목표치를 설정하게 되면, 과제에 선정된다고 해도 공인시험기관을 통한 참고시험에서 해당 수치를 만족하지 못하게 되면 과제 수행 결과를 '실패'로 판정받을 수밖에 없으므로 최악의 경우 지원받은 정부출연금을 모두 반환해야 할 수도 있다.

"목표치를 정할 때는 합리적이고 타당한 선에서 제3자가 검증해도 그 우수성을 증빙할 수 있는 선에서 결정해야 한다."

이렇게 기업R&D과제를 수행함에 있어서 특징과 장점이 될 만한 항목을 정하여 해당 항목의 목표치를 추상적인 표현이 아닌 특정 단위를 포함한 구체적인 수치, 즉 제3자(공인시험기관)가 제시하는 공인시험규격의 시험환경에 따라 측정한 수치를 만족할 수 있도록 목표치를 수치로 정하는 전략을 KOTERA에서는 '수치화(DIGIT) 전략'이라고 부르고 있다.

조직 1

조직의 아래에 있는 사람은
허둥지둥 바빠 죽고

조직의 허리에 있는 사람은
부담감의 무게에 깔려 죽고

조직의 머리에 있는 사람은
알아주는 이 없어
외로워 죽습니다.

실패를 두려워해서는 안 됩니다.

누구에게도 꺾이지 않는 신념은
실패를 통해 배우게 됩니다.

성공은 나 자신을 기쁘게 하지만
실패를 통해 얻은 신념은
모두를 기쁘게 할 수 있습니다.

마크

농구와 축구에는 전담마크와 지역마크가 있는데
주로 약팀이 강팀을 만났을 때
활용하는 방법이 전담마크입니다.
강팀은 주로 각자의 포지션에 충실한 지역마크를 선택합니다.

업무에 있어서도 전담마크와 지역마크가 있습니다.
업무에 있어 전담마크란 소신과 주관 없이
윗사람이 하라고 하는 대로만 하는 방식이라면

업무에 있어 지역마크란 본인의 업무영역에서 만큼은
강한 신념을 갖고 그 누구의 눈치도 보지 않고
묵묵히 책임을 다해 나가는 방식입니다

바로 이런 지역마크맨이 우리에게 필요합니다.

그들만의 리그 전략

몇 해 전, 필자는 경기도 고양시 중소기업인협의회의 초청으로 '기업의 변화'와 '융복합 전략'이란 주제로 강의를 했던 적이 있다.

강의가 끝나고 소모임을 통해 질의응답을 진행하였는데, 자신을 기업인협의회 회장으로 소개한 기업 대표가 이런 말을 했다.

"맨홀 뚜껑 만들던 회사가 오늘날에는 ITS 전문기업으로 탈바꿈했다는 강연에 큰 감명을 받았습니다. 우리 회사는 전봇대 끝에 낙뢰를 대비해 씌우는 고깔모자를 제조하고 있는데, 이 고깔모자에 와이파이 중계기를 결합하면 훌륭한 R&D과제 아이템이 될 수 있지 않겠습니까?"

그는 흥분한 표정이었고 눈빛에는 기대감으로 가득했다.

필자는 질문을 한 그분에게 조심스럽게 "우리나라의 전봇대 고깔모자를 만드는 기업이 몇 개나 되는지?"를 물었다. 그분은 8개 정도가 있다고 대답을 하였고, 그래서 다시 "8개 회사 중에서 몇 등을 하고 있으며, 8개 회사 전체의 시장규모가 어느 정도 되는지?"를 물었다.

그 기업 대표는 "현재 국내 고깔모자 피뢰침 시장규모는 대략 80억 원 정도이며, 우리 회사는 현재 4위를 하고 있지만, 와이파이 중계기와 융합된 고깔모자를 개발하면 1위가 되는 것은 시간문제일 것이다."라면서 더욱 흥분을 감추지 못했다.

그때 필자가 그 기업대표를 비롯해 그곳에 있던 사람들에게 들려준 이야기가 바로 '그들만의 리그'였다.

국가에서 R&D과제를 통해 기업에 투자하는 것에는 기술개발 아이템 자체를 떠나 '투자의 효용성'이라는 것이 있다. 아무리 기술개발 수준이 뛰어나고 파급효과가 대단하더라도 해당 아이템의 시장규모가 연간 1천 억 원 미만인 시장이라면, 투자의 효용성이 떨어진다는 판단을 받게 된다. 즉 원유나 천연가스가 나온다고 하여 무조건 시추하는 것이 아니라 매장량을 확인하고, 건설투자비용과 대비해 충분한 수익이 예상되는 경우에만 시추를 하는 것과 같다. 과거에 신문이나 방송에서 우리나라 대륙붕 지역에서 석유가 나왔다고 모두 좋아하고 흥분했었지만 상업화로 이어진 사례는 지금까지 단 한 차례도 없었던 것과 마찬가지다.

R&D과제 아이템에 있어서도 아이디어가 좋고, 융합의 효과 또한 크다고 인정받을 수는 있지만 그 시장규모가 국내 기준으로 1천억 원에 미달하면 다른 아이템, 즉 기술수준이 조금 모자란다고 해도 시장규모가 1천억 원 이상이 되는 아이템이 더 환영을 받는 것이다.

시장규모 1천억 원에 미달하는 아이템은 합리적이고 논리적으로 1천억 원이상의 시장규모가 가능하다는 것을 증빙할 수 없다면 아무리 개발 아이템이 우수하더라도 과감히 R&D과제에서 제외시켜야 한다는 것이다.

마중물

신뢰가 신뢰를 부릅니다.

신뢰는 마중물입니다.
그 마중물을 펌프에 넣고
더 많은 신뢰를 끌어내야 합니다.

그러나 펌프질을 멈추는 순간
신뢰는 땅속으로 다시 사라집니다.

그러나 마중물만큼의 신뢰도 사라지고 없다면
더 이상의 신뢰는 만들어 낼 수가 없습니다.

항상 마중물만큼의 신뢰는 유지해야 합니다.

계단

사람이 태어나자마자
단번에 어른이 될 수 없듯이
모든 성장에는 올라갈 계단이 있고
시간이 필요합니다.

중요한 건은 그 오랜 시간 동안
쉬지 않고 계단을 올라가야 한다는 건입니다.

계단 오르기를 중단하는 순간
성장도 멈추게 됩니다.

높은 계단을 오를 때의 요령은
발끝만 보면서 오르는 건입니다.

조직에서의 하루를 놓고 보면 변하는 건이 없지만
한 달, 일 년을 놓고 보면 훌쩍 커버린 본인의
역할과 비중을 발견할 수 있습니다.

자, 오늘도 한 계단만 올라오세요.

빈틈

빈틈이 생기면 최대한 빨리
그 빈틈을 막아야 합니다.

우려되는 빈틈은 얼마 가지 않아
적이 알아차리게 되고 틀림없이
그 빈틈을 공격해 옵니다.

그때는 지금보다 10배, 100배의
노력과 비용이 발생됩니다.

지금 빈틈을 발견했다면
바로 지금! 빈틈을 메우세요.

스토리텔링 활용 전략

정부 기술과제신청서 양식은 전담기관이나 주관부처의 공무원이 만든 것이 아니다.

주로 대학 교수들이 과제의 심사를 하는 것처럼 R&D과제신청서 양식 또한 외부 전문가를 통해 만들게 된다. 이러한 R&D과제 양식을 만드는 사람들은 대개 대학 교수들이고, 따라서 자신들이 심사하는 데 효율적이고 편리하게 양식을 만든다. 그래서 R&D과제 양식은 논문 양식과 거의 흡사하다. 즉 논문 심사에 익숙한 교수들이 자신들의 편의에 맞도록 R&D과제신청서 양식을 만들었기 때문에 논문을 잘 쓰는 방법과 R&D과제신청서를 잘 작성하는 방법이 크게 다르지 않다.

논문의 구성은 신문기사와 같이 '기-결-승-전'의 구성으로 이뤄진다. 여기에서 특이한 것은 우리가 평소에 알고 있는 '기승전결'의 구조가 아니라 '기결승전'의 형식으로 구성되어 있다는 것이다. 기사나 논문에서는 '결'이 이유와 배경에 해당하는 '기'의 뒷부분에 바로 위치하게 된다.

따라서 이러한 구조를 이해하고, '기'에 들어갈 내용이 '결'에 들어가서도 안 되고 '결'에 들어갈 내용이 '승'에 들어가지 않도록 각 영역을 명확하게 구분하여 작성하는 것이 논문을 잘 쓰는 요령, 즉 R&D과제신청서를 잘 쓰는 요령이라 하겠다.

영역의 구분이 모호한 신청서를 작성할 때 흔히 하는 실수 중 하나로 기술개발 아이템의 특징이나 장점을 기술개발의 이유와 중요성으로 작성하면서 생기는 경우가 많다. 즉 신제품의 장점과 특징 때문에 기술개발이 필요하다는 식으로 '기'를 작성하는 것은 특징과 장점을 기술해야 하는 '승'의 요소가 '기'에 들어간 것으로, 바람직한 '기'의 작성방법이라고 할 수 없다.

R&D과제의 기술개발 아이템, 즉 신제품(기술)이 '주인공'이라면, 대체해야 할 시장의 기존 제품이나 기술은 '악역'에 해당하며, '갈등'은 이러한 '악역'이 만들어 낸 그동안의 문제점이나 위험요소, 그리고 앞으로 예상되는 한계점이라 하겠다.

주인공이 돋보이기 위해서는 악역이 악역답게 연기를 잘 해야 하고, 그 악역이 만들어 내는 갈등 요소가 어렵고 심할수록 극적인 효과 또한 배가된다.

따라서 R&D과제신청서를 작성할 때는 형식적으로는 '기결승전'의 포맷으로 작성하고, 그 내용은 '이야기의 3요소'에 맞춰 작성한다면 심사위원들로부터 충분히 좋은 점수를 받을 수가 있다.

바로 이것이 R&D과제신청서 작성에 필요한 '스토리텔링 전략'이다.

소감

누상 노감을 말할 때
'Thanks for'에 거명된 나람은
나에게 진님어린 툭하를 해 두지만

어려움이 있을 때
'Because of'에 거명된 나람은
나에게 불편한 적대님을 드러냅니다.

누구는 툭하 받으며 능능당구할 때
누구는 적대감을 품은 눈토리 녹에서 아직도 남탄만 합니다.

함께 일하는 나람들 앞에 붙여야 할 태그는
'Thanks for' 입니까?
'Because of' 입니까?

일 잘하는 사람과 일 못하는 사람의
차이는 인식의 차이입니다.

일 잘하는 사람은
묻기 전에 먼저 알아서 보고하지만
일 못하는 사람은
물었던 질문 또 물어보게 합니다.

일 잘하는 사람은
조직에서 자기의 일을 찾아 수행하지만
일 못하는 사람은
남의 일을 자기가 해 둔다고 생각합니다.

일 잘하는 사람은
질책을 들으면 문제 해결을 위해 이성적 노력을 하지만
일 못하는 사람은
질책을 들으면 일할 맛이 안 난다고 감성적 자괴를 합니다.

선두

산을 오를 때
전문가는 절대로 초보의 뒤에 서지 않습니다.

DMZ 지뢰밭을 지나갈 때도
선임자는 절대로 뒤에 서지 않습니다.

초보들의 사정을 봐 주고 그들의
진행속도에 맞추는 순간
어정쩡한 타일은 끊어지고
눈 먼 지뢰는 폭발하고 맙니다.

후회한들 무슨 소용이 있습니까?

나를 따라 오라고 하는 전문가의 말이야 말로
유일한 구명줄임을 명심해야 합니다.

'변학도를 찾아라' 전략

최근 R&D과제 심사에서 누구는 서면평가를 통과하여 대면평가 등의 상위 평가단계에 진입하는 반면, 누구는 "이번에도 서면평가에서 또 탈락했다."면서 한탄하고 한숨을 짓기도 한다.

서면평가는 말 그대로 제출한 사업계획서만으로 기술개발 아이템의 기술적, 경제·산업적 필요성과 기술적, 경제·산업적 효과를 중점적으로 평가를 하게 된다. 즉 기술 개발에서 가치가 있다는 것은 그 시급성이라는 부분에서 심사위원들을 상대로 충분한 공감을 이끌어 낼 수 있어야 한다는 것이다.

집에 불이 났을 때 그 누구도 옆집에 가서 "딩동~ 저 옆집인데요. 문 좀 열어주세요!" 라고 하면서 "저기요~ 방금 우리 집에 불이 났으니, 피하셔야 해요~" 라고 예의를 갖춰 시급성을 전달하는 사람은 없을 것이다.

"불이야~~" 라는 짧은 한마디에 시급성과 절박함이 담겨 있다. 사업계획서에도 이 기술개발이 얼마나 시급하고 필요한지에 대한 이유가 충분히 피력되어야 한다.

하지만 대부분의 기업들은 기술개발의 필요성에 대해 작성할 때, 이번에 개발하고자 하는 제품의 특성과 장점은 이러이러하고, 이것을 개발하면 많은 혜택이 있고, 좋은 세상이 된다는 식으로 기술개발의 이유를 대신하고 있다.

그러나 이것은 심사위원들에게 아무런 감흥도, 공감도 불러일으키지 못한다. "어, 그래~ 좋네. 수고~"라고 고개를 돌리기 딱 좋다.

우리가 과제를 통하여 개발하고자 하는 신제품의 필요성은 결코 그 제품의 특징이나 장점에 있는 것이 아니다. 그 필요성은 이 제품이 아직 개발되기 전에 기존에 있던 기술과 제품에 있는 것이다.

기존의 기술과 제품에 있어서 이러 이러한 불편이 있고, 그러 저러한 위험성이 있을 때, 바로 이러한 문제와 한계점을 해결할 수 있는 해답(Solution)으로서 이 기술개발의 필요성이 어필되어야 한다는 것이다.

남원 고을에 새로 부임한 변학도라는 사람이 있었다. 이 사람은 고을 백성들로부터 온갖 명목으로 세금을 걷어 들이고, 고리대금을 하면서 집도 빼앗고, 사람도 빼앗아 노비로 팔아버리는 등 온갖 악행을 해왔다. 이러던 중에 춘향이가 변학도의 눈에 띄어, 수청을 들라면서 괴롭힘과 시달림을 당하게 된다.

그렇다면 남원 고을 백성들에게 필요했던 것은 무엇일까? 바로 저 악마와도 같은 변학도를 처벌하고 변학도가 만든 지옥에서 백성들을 구원해 줄 '암행어사'가 필요했던 것이다.

이 암행어사는 굳이 이몽룡이 아니더라도 상관없다. 변학도의 만행을 끝내고 이 고통을 끊어줄 수만 있다면 그 누가 암행어사로 와도 백성들은 상관이 없다. 바로 암행어사가 솔루션인 것이다. 이몽룡은 솔루션이 아니라 그냥 액세서리다. 즉 암행어사가 필요성과 중요성이고, 이몽룡은 특징과 장점인 것이다.

만일 우리가 개발하고자 하는 제품의 특징과 장점 때문에 기술개발이 필요하다고 했으면, "이몽룡은 사대부 집안 아들이고, 공부도 잘하고, 연애도 잘하고, 말도 잘하고, 풍류도 알고, 정의롭기 때문에 남원 고을 주민에게 필요한 사람이고, 남원 고을에 올 때는 가능한 암행어사가 되어서 왔으면 좋겠다."는 식이다.

이몽룡을 흠모하고, 이몽룡을 필요로 했던 사람은 춘향이다. 남원 고을 백성은 이몽룡이 누군지도 모르는 사람이 많다. 그러니 변학도의 악행 아래 신음하면서 이몽룡을 찾는 바보는 없을 것이다.

다섯 살짜리 꼬마도 "지금 우리에게 필요한 것은 무엇?"이라고 물어보면 '암행어사'라고 대답한다. 그런데 왜 우리는 여전히 기술개발의 필요성과 이유를 '암행어사'가 아닌 '이몽룡'에게서 찾아 왔을까?

심사위원들이 기술개발의 당연성과 필연성을 공감할 수 있도록 만들기 위해서는 잘나고 뛰어난 특징과 장점을 내세워 기술개발이 필요하다는 식으로 주장할 것이 아니라 바로 '변학도의 악행'을 찾아야 한다. 그래서 이런 저런 불편함과 문제가 무엇인지, 얼마나 심각한지를 밖으로 드러내고, 이것을 해결하기 위해 "○○○기술개발이 필요하다." 라는 짧은 말 한마디만 해도 충분히 공감을 얻어 낼 수 있다.

바로 이러한 전략이 "변학도를 찾아라 전략"이다.

상황버섯을 원료로 하는 기능성 음료를 제조 판매하는 멘티기업이 있었습니다. 이 기업은 그동안 기능성 음료를 만들고 남는 상황버섯 찌꺼기를 동네 돼지농가에 사료로 공급해 주고 있었다고 합니다.

그런데 이 소식을 들은 다른 돼지농가에서도 돈을 줄 테니 상황버섯 찌꺼기를 자기 축사에도 공급해 달라는 것이었습니다. 그래서 여기에서 아이디어를 얻어 낸 것이 바로 상황버섯을 원료로 하는 축사용 사료첨가제였습니다.

전담 전문위원과 함께 아이템의 콘셉트는 잡아 놓았으나 문제는 사업계획서 상의 '개발 필요성'이었습니다. 처음에 올라온 사업계획서를 보니, 상황버섯의 특성과 장점을 잔뜩 소개하면서 사람이 먹어도 건강해지고 좋으니 가축이 먹어도 좋다는 식으로 작성이 되어 있었습니다.

여기에는 '변학도'가 없었으므로 먼저 '변학도'를 찾도록 피드백을 했습니다. 그리고 이런 의견에 따라 기존 사료첨가제가 가지고 있는 문제점과 한계를 충분히 파악하여 사업계획서에 기술하기로 하였습니다.

하지만 기존 사료첨가제는 종류가 매우 다양할 뿐만 아니라 고작 몇 주동안에 기존 사료첨가제의 문제점을 찾아내는 것은 현실적으로 불가능했기 때문에 멘티기업은 이러지도 저러지도 못하고 있는 중이었습니다.

이러던 와중에서 어느날 전담 전문위원이 필자를 찾아왔습니다. 변학도를 찾아야 하는데, 현재로서는 그것을 파악하는 것이 너무도 힘들다. 어떻게 이 문제를 해결해야 하는지 조언을 요청한 것입니다.

필자는 기존 사료첨가제를 모두 다 분석해서 문제점을 찾는 것은 물리적인 시간이 부족하다는 걸 인정하고, 대신에 '충격요법'을 조언했습니다. 즉 변학도를 찾기 위해서 변학도의 만행에 대해 1번부터 100번까지 죽 나열하는 것도 중요하지만, 현재 회사가 보유하고 있는 아이템의 특징과 대비되는 변학도 요소를 먼저 찾는 것이 필요하고, 이것을 찾을 때는 심사위원들이 충분히 공감할 수 있도록 충격적 접근이 필요했기 때문입니다. 그래서 제안한 '충격요법'이 바로 "그동안 내가 먹은 소와 돼지는 암에 걸리지 않았을까? 과연 나는 지금까지 암에 걸린 소와 돼지를 한 번도 안 먹었다고 자신할 수 있는가?"였습니다.

암은 사람뿐 아니라 소와 돼지와 같은 동물도 걸립니다. 상황버섯이 암 발생 또는 암 증식을 억제하는 인자 요소가 있어 사람에게 효능이 있다면 동물에 있어서도 동일한 효능이 있을 것이므로, 가축들의 암 발생 현황과 관련된 논문이나 보고서 등을 찾아보도록 한 것입니다. 우리가 의식하지 않고 먹었던 육류에도 어쩌면 암 발생 가축이 있었을 가능성이 있다는 다소 충격적이고 무서운 명제를 던지는 것으로 기술개발의 필요성을 찾도록 했습니다.

이러한 전문위원단장의 코칭에 전담 전문위원은 크게 공감하였고, 이 내용을 멘티기업에게 전달하여 사업계획서를 작성하도록 하였습니다. 이와 같은 메시지를 받은 멘티기업은 사료첨가제 개발을 본격적으로 추진하기 위한 인허가 사항을 득하여 이를 직접 사업화 하기로 하였습니다.
그런데 공교롭게도 이러한 준비과정에서 기존 상황버섯 기능성음료를 제조하는 시설 확충을 위해 모집했던 투자자들에게도 이런 메시지가 전달되어, 오히려 더 큰 금액으로 기업 투자가 이뤄졌으며, 몇 달 후에는 상황버섯 사료첨가제 시제품이 출시될 예정이라고 합니다.

부산에서 서울로 가는 길은 108가지 길이 있습니다. 신제품개발을 위해 정부로부터 투자를 받든, 민간으로부터 투자를 받든 투자라는 측면에서는 동일한 형태지만 중요한 것은 투자를 받을 만한 제품과 기술이 갖고 있는 핵심적인 메시지입니다. 그 메시지가 강력한 공감을 얻었기 때문에 정부과제 심사위원들에게 전달되기도 전에 자체 투자자들에게 먼저 흡수되어 그와 같은 반응이 나타났던 것입니다.

제품이나 기술을 개발해야 하는 확실하고 충분히 공감할 수 있는 이유, 그리고 '변학도를 찾는' 전략을 통해 하루라도 빨리 시급히 개발해야 하는 그 명확한 메시지만 이끌어 낼 수 있다면, 심사위원은 물론 투자자들의 심금을 울려 기업이 원하는 투자를 기꺼이 이끌어 낼 수 있는 것입니다.

대우

조직에서 남들보다 더 좋은
대우를 받는 비결이 있습니다.

남들보다 더 많이 매출에 기여하든지

남들보다 더 많이 실적을 기록하든지

남들보다 더 오랜 세월을 근무하든지입니다.

단지 남들보다 더 오랜 시간을 일한다고 하여
더 좋은 대우를 바라는 건은 욕심입니다.

비밀

세상을 움직이는 비밀(Secret)이 있습니다.
그것은 끌어당김의 법칙입니다.

머릿속에 상상한 그 이미지 영상 그대로
눈앞에 그것이 끌려와 현실이 됩니다.

지금 나는 무엇을 끌어당기고 있는 중인가요?

이름 3

나는 불리는 이름이 참 많습니다.

가족이 나를 부를 때
연인이 나를 부를 때
친구가 나를 부를 때
동료가 나를 부를 때
낯나가 나를 부를 때

그때마다 나는 다른 이름으로 불립니다.

그리고 그 이름마다 각각 다른 책임이 있습니다.

가족을 위한 책임
연인을 위한 책임
친구를 위한 책임
동료를 위한 책임
낯나를 위한 책임

이 책임이 내가 존재하는 이유입니다.

R&D사업비의
예산편성 노하우

가치(Value) 전략

투자금의 관점에서 본다면, 정부R&D자금도 일종의 공적인 투자금으로, 우리가 알고 있는 투자의 3원칙에서 크게 벗어나지 않는다. 즉 수익률은 높아야 하고, 리스크는 적어야 하며, 투자금을 회수하는 기간이 짧아야 한다는 것이다.

그러나 중요한 요인 하나가 민간투자와 공공투자의 큰 차이점이다. 바로 '명분'이라는 것이다.

수익률이 좋고 리스크가 낮은 것도 중요하지만 국가 R&D에서 가장 중요한 것은 바로 국가 전체산업에 미치는 파급효과가 어느 정도인지, 투자 주체인 국가로서 명분이 있어야 한다는 것이다.

따라서 우리 회사의 매출이 올라가고, 우리 회사의 비용을 절감하고, 우리 회사가 수출을 많이 하고, 우리 회사가 일자리 창출을 많이 하는 게 틀린 말은 아니지만 그보다 정부R&D과제의 파급효과라는 면에서 정부의 명분을 세워주어야 투자자를 충분히 만족시킬 수가 있다. 즉 국가적 수입대체 효과가 있고, 비용절감을 통해 한국의 산업경쟁력이 제고되며, 한국의 수출경쟁력이 상승하며, 국내 일자리창출이 증가한다는 식으로 투자자인 정부의 명분을 살리는 표현이 더 큰 공감을 얻어 낼 수 있다.

한편, 그 파급효과를 설명할 때에도 막연히 "높다, 많다."는 표현보다 수치적으로 표현해야 투자자의 공감을 더욱 이끌어 낼 수가 있다. 수치로 표현하는 것에 있어서 가장 공감을 이끌어 낼 수 있는 환산 단위는 바로 '통화' 단위다. 다시 말해, 수입대체 효과가 높다는 표현보다 "한해에 얼마 규모의 수입대체 효과가 있다."고 구체적인 수치로 표현하는 것이 더욱 적절한 표현이다.

물론 단순히 금액만으로 표현한다고 하여, 무조건 공감을 이끌어 낼 수 있는 것은 아니다. 2015년도 환경부의 통계발표에 따르면, 20년 이상 된 노후 상수도관 비율은 2015년 기준 전국 상수도관의 32.3%(63,849km)에 이르고 있으며, 연간 수돗물 총 생산량의 10.9%인 약 6억 8708만 톤의 수돗물이 매년 소실되고 있는 바, 이를 원화로 환산할 경우 연간 6,058억 원에 이른다고 발표하였다. 즉 가만히 앉아서 전 국가적으로는 연간 6천 억 원의 손실이 발생하고 있는 것이다.

또한 오래전 통계이기는 하지만, 1992년도에 당시 동력자원부에서 발표된 자료에 따르면 한 집에서 전등 하나 끄기를 제대로 이행하면 연간 1천 58억 원을 아낄 수 있다고 하였다. 1992년도 우표 한 장이 100원이던 시절이고 보면, 현재의 우표 값이 330원이므로 한 집 한 등 끄기의 효과가 적어도 연간 3천억 원에 달한다고 하겠다.

이렇듯 연간 전국적 합산 통계로 보면 예나 지금이나 통화로 그 효과를 환산할 때, 최소 1천억 원 이상은 되어야 겨우 눈을 돌릴 만하다. 따라서 특정 R&D 과제의 수입대체 효과라든지, 비용절감 효과, 수출신장 효과, 일자리창출 효과를 설명함에 있어서도 연간 전국적인 환산으로 각 효과마다 최소 1천 억 원 이상은 되어야 그 효과를 인정받을 수 있을 것이다.

각 효과마다 1천억 원 이상으로 그 가치를 환산한다면 심사위원들은 누가 시키지도 않아도 이 효과를 합산해보게 된다. 특정 R&D과제의 가치가 수 천억 원에 이르고, 이 수 천억 원에 달하는 R&D과제 아이템의 가치를 놓고 과제를 선정하면 수천 억 원이 국가적 이익으로 돌아온다면 어떨까? 반대로 탈락시키면 이 수 천억 원을 국가가 손실을 보게 되는 셈이라면, 어떤 심사위원도 이 R&D과제 아이템을 쉽게 버릴 수가 없게 되는 것이다.

이렇게 R&D과제 아이템의 파급효과를 설명할 때, 그 각각의 파급효과 가치를 최소 1천억 원 이상의 통화가치로 환산하여 표현하는 전략을 가치(Value)전략 또는 '1천억 원 전략'이라고 한다.

조력자

등산을 하거나 행군을 할 때
무리의 선두에는 항상 인솔자가 있어 앞장선다면
후미에도 반드시 조력자가 필요합니다.

조력자의 역할은
낙오되는 자가 없도록 격려와 동기부여를
아끼지 않아야 합니다.

그것이 무리를 살리는 길입니다.

조력자의 조력이 없이 인솔자 혼자의 힘만으로는
목적지까지 무리를 성공적으로 이끌 수가 없습니다.

시간 2

시간의 길이라는 건 속임수입니다.

사람에 따라
집중도에 따라
1분이 1시간보다 길 수 있고
10시간이 1시간보다 짧을 수도 있습니다.

시간은 시간으로 관리하는 것이 아니라
순서로 관리해야 합니다.

하루의 순서를, 업무의 순서를
효과적으로 조율할 줄 아는 이가
시간을 제대로 관리할 줄 아는 사람입니다.

주파수

아날로그 라디오 주파수를
어정쩡하게 맞추면 잡음이 생깁니다.

오차가 크면 클수록
그 잡음 소리는 더 커집니다.

오른쪽으로 다이얼을 돌렸을 때
잡음이 점점 커지면
즉시 왼쪽으로 다이얼을 돌려야 합니다.

지금 라디오에서 나오는
Favorite Song을 깨끗하게 듣기 위해서는
주파수를 정확히 맞춰야 합니다.

그러나 너무 늦게 주파수를 맞춘다면
그 노래는 이미 끝났을 수도 있습니다.

정부R&D과제를 신청할 때, 함께 제출하는 예산편성표도 평가점수에 반영되는 중요한 요소다. 따라서 지원받는 정부지원금을 어떻게 사용할 것인지 구체적이고 실효성 있는 예산편성을 하는 것의 중요성은 아무리 강조해도 지나치지 않다.

예산편성의 주요한 세목으로는 인건비, 위탁비, 장비 재료 제작비, 연구활동비, 연구수당, 과제추진비, 그리고 간접비가 있다. 예산편성 요령의 첫 번째는 총 사업비를 산출해야 하고, 총 사업비 중에서 순수 현금사업비를 산출한 다음 순수 현금사업비를 재료비와 제작비를 중심으로 어떻게 배분하느냐가 관건이다.

총 사업비를 구하는 공식은 정부 최대 지원금을 정부 최대 지원비율로 나누면 되는데, 이때 백 단위에서 무조건 올림처리를 하는 것이 좋다. 즉 정부 최대 지원금액을 정부 최대 지원비율로 나누었더니 그 값이 307,692천 원이 나왔다면 자리 7을 8로 올림하여 총 사업비를 308,000천 원으로 해야 한다는 것이다.

그리고 이 총사업비에서 민간부담 현물을 제외한 나머지가 순수 현금사업비인데, 민간부담 현물을 구하기 위해서는 내부 인건비로 현물을 맞추는 요령이 필요하다. 이때 월급이 123만 원이라고 하면 참여 개월 수 12개월에 123만 원을 곱하고 여기에 참여율을 곱하게 되면, 소수점이 딸린 값이 나올 수 있다.

정부과제에서는 소수점이나 반올림이 원칙적으로 허용되지 않으며, 전산으로 예산을 입력하는 경우에는 에러가 발생하여 다음 프로세스로 넘어가지 않는다. 그러므로 과감하게 123만 원의 월급을 120만 원 또는 100만 원으로 가지치기를 해야 하는 것이다.

물론, 130만 원으로 하면 안 되느냐고 반문을 할 수도 있다. 하지만 연구원 한 사람에게 회사가 부담하는 4대 보험 비용을 합산한 인건비를 계상해도 문제가 되지는 않으나 이렇게 일일이 한 사람당 지원되는 회사 부담 분을 계산하는 것도 문제이다. 또한 이렇게 계산한다고 하여 가지치기가 저절로 되는 것이 아니기 때문에 실제로 회사에서 받는 급여보다 적은 금액으로 가지 치기를 하여 인건비를 수정하는 것이 효과적이다. 이렇게 해야 소수점 값이 나오는 것을 피할 수가 있기 때문이다.

이렇게 하여 민간부담 현물의 값이 정해지면 총사업비에서 민간부담 현물을 뺀 나머지 값이 바로 순수 현금사업비가 되고, 이 순수 현금사업비에서 2천만 원을 제외한 나머지 금액을 재료비와 제작비에 반반씩 올리면 된다.

이때 재료비가 1억 원이라고 하여 1천만 원짜리 재료비를 10개로 기재하는 것보다 한 품목당 600만 원이 넘지 않도록 하고, 동일한 금액이 두 번 이상 반복되지 않도록 하여 작성하도록 해야 사업비 조정, 즉 삭감되는 칼날을 한 푼이라도 더 피해갈 수 있는 것이다.

한편, 위에서 왜 2천만 원을 순수 현금사업비에서 제외하라고 했는가 하면, 간접비와 연구활동비, 과제 추진비에 각각 300만 원을 배정하고 남은 1,100만 원은 공인시험비 비용으로 배정하면 효과적이기 때문이다.

이렇게 놓고 보면 정부과제 예산편성이 수월하고 쉬워 보인다. 그러나 이 작업이 왜 시간이 오래 걸리고 머리를 아픈 것이었는지를 보면, 바로 인건비를 산출함에 있어서 그 결과가 소수점 값이 나와 그 이후에 작업되는 모든 예산이 다 뒤틀어져서 결국에는 두 손 두 발을 놓게 되는 것이다. 이 간단한 가지치기 전략을 몰라서 벌어지는 해프닝이라 할 수 있다.

한 푼이라도 더 많아지도록 예산에 올려놓으려는 욕심 때문에, 버려야 할 것을 버리지 못하는 조급만 마음 때문에 결국은 예산편성 작업에 고생을 감수해야 하고, 고생한 이후에도 앞뒤 값이 서로 맞지 않아 포기해야 하는 일이 벌어지는 것이다.

이때 유용한 전략이 바로 버려야 할 것들은 과감히 버린다고 하는 '가지치기 전략'이다.

실패 2

실패를 두려워해서는 안 됩니다.

실패야 말로
자신을 업그레이드 시키는
최상의 비결입니다.

많은 실패를 경험하기 위해서는
많은 시도와 경험이 필요합니다.

일단 일은 저지르고 보세요.

그리고 실패가 있었다면 두 번 다시
반복하지 않도록 하면 됩니다.

성공으로 향하는 징검다리 같은 건은 없습니다.

실패를 경험하면서 징검돌을
하나씩 채워가는 건이
성공의 방법입니다.

양

관리자는 눈한 양이
되어서는 안 됩니다.

관리자는 눈발력과 큰 소리를 지르는
양치기 개가 되어야 합니다.

양치기 개의 임무는 늑대를
막아내는 건이 아니라,

들판의 양들을 안전하게 모는 건입니다.

늑대를 몰아내는 건은
양치기의 몫입니다.

궁

활시위가 묶여 있지 않은 활은 활이 아닙니다.
그냥 막대기입니다.
꼿꼿한 것도 아니고, 휘어진 것도 아닌
어정쩡한 그런 막대기입니다.

활시위를 걸 때까지는
부러져라 힘을 주어 눌러서 막대기를 휘어야 합니다.

휘는 작업이 힘들다고 숨을 고르며 멈추면
오히려 힘만 빠질 뿐입니다.

막대기의 양끝에 활시위를 걸었을 때 비로소
우리는 그것을 더 이상 막대기가 아닌 활,
'궁'이라 부릅니다.

'궁'이 못 되고 부러지는 막대기가 있더라도
'궁'이 되어야 화살을 쏘아 올릴 수가 있습니다.
제대로 써먹을 수가 있습니다.

일단 양끝에 활시위를 걸어놓고 그 다음에 숨을 돌려도 됩니다.
아직은 쉴 때가 아닙니다.
지금은 계속 누르고 꺾고 밀어붙여야 할 때입니다.

브레이크다운Breakdown 전략

자녀에게 용돈을 줄 때도 어디에 얼마가 필요한지 확인하는 부모님들처럼, 정부에서는 기업이 신제품개발을 하는 데 필요한 정부지원금을 줄 때에도 어디에, 얼마를, 어떻게 사용하는지 구체적인 계획을 알고자 한다.

예산편성 시에 사업평가가 포함되기 마련인데, 막연하고 두루뭉술하게 어디에 얼마가 들어간다고만 한다면 결코 좋은 점수를 받기 어렵다.

자금을 집행할 때 어떤 것에 얼마가 소요되는지 그 계획이 구체적이고 명확해야 한다. 재료비에 1억 원이 소요된다면 1천만 원짜리 재료비 10건을 기재하면 금방 1억 원을 채울 수는 있지만 이러한 예산편성은 구체성이 없어서 비록 기술성과 사업성 점수가 좋아 과제에 선정된다고 하더라도 최종 예산심의조정위원회에서 참극에 가까운 예산삭감이 단행될 수밖에 없다. 즉 30분만 더 성의를 갖고 예산을 좀 더 구체화했더라면 이런 참변은 면할 수 있었을 것을 이 30분을 신중히 투자하지 못하여 순식간에 눈앞에서 3천만 원, 3억 원이 날아가는 참변을 당하게 되는 것이다.

재료비는 물론 제작비 항목을 기재할 때, 한 품목당 금액을 500~600만 원에 맞추고, 동일한 금액이 두 번 이상 반복되지 않도록 작성해야 한다. 만일 2차년도 이상의 다년차 과제에서는 1차년도 항목과 동일하게 작성하는 것도 피해야 한다. 이렇게 꼼꼼하게 예산소요 계획을 하여야 삭감의 칼날을 피할수가 있는 것이다. 즉 빈틈과 구멍이 없어야 과다예산이라는 명목으로 예산삭감의 칼질과 난도질을 피할 수가 있다.

이렇게 개별품목당 금액을 품목당 500~600만 원 내외의 금액으로 잘게 나누고 같은 금액이 두 번 이상 반복되지 않도록 예산을 편성하는 전략을 '브레이크다운Breakdown 전략'이라고 한다.

꿈

가난한 자의 꿈이
부자나 권력자일 수는 있지만

부자의 꿈은 부자가 아니고
권력자의 꿈은 권력자가 아닙니다.

부자나 권력자가 되는 건을 인생의 목표로
사는 사람이 어리석은 건처럼
조직에서 돈 때문에 일하거나
실권자가 되기 위해 일하는 사람 역시
어리석은 자입니다.

꿈의 문을 여는 열쇠는 저 멀리
보이는 계단 위에 있지 않습니다.

심해보다 깊은 바로
내 마음속에 있습니다.

춤

춤이란
음악이 나오는 동안 박자와 리듬에
맞춰 몸을 움직이는 겁니다.

이를 무시하고 추는 춤은
춤이 아니라 발광이라고 부릅니다.

쉬고 싶지 않아도
쉴 수밖에 없는 시기가 있습니다.

지금은 박자와 리듬에 맞춰
계속 몸을 흔들어야 할 때입니다.

더 추고 싶어도 쉴 수밖에
없는 때가 반드시 옵니다.

이 음악이 끝나기 전까지는
춤을 멈춰서는 안 됩니다.

프로2

프로는
더 많이 본인의 정보를
공유할 때
더 자유로워집니다.

자기 건을 지키고
비밀을 지키려고만 한다면
위축되고 헌헌하지 못합니다.

이것이 프로를
실패하게 만듭니다.

R&D과제 심사평가의
고득점 전략

평가서
고득점 전략

몰라서 못받는 정부지원자금
당당하게 받자

변별 포인트 전략

R&D과제에 신청한 기업은 통상 3단계에 걸친 평가를 받게 된다. 제출했던 사업계획서만으로 평가를 받는 서면평가, 서면평가를 통과한 기업들을 대상으로 한 현장평가, 현장평가를 통과한 기업들만을 대상으로 한 대면평가다.

평가는 심사위원이 임의대로 하는 것이 아니라 일정한 지침에 따라 '평가기준표'라는 것이 있고, 이 평가기준표에 보면 평가항목들이 나열되어 있다. 평가항목들마다 매우 우수/우수/보통/불량/매우 불량의 5점 척도로 구분되어 있는데, 평가항목들마다 배점이 다르다. 즉 5점 배점인 경우에는 5점 척도가 5/4/3/2/1점으로서 평가 척도당 점수 차이가 1점이겠지만, 배점이 20점인 경우에는, 20/16/12/8/4점으로 척도당 점수 차이가 4점이라는 것을 알 수 있다. 즉 A항목에서 매우 우수한 점수를 받은 기업과 매우 불량한 점수를 받은 기업의 점수 차이가 4점인 것에 반해, B항목에서는 매우 우수와 우수의 점수 차이가 4점이 난다.

이렇게 배점이 높아서 척도당 간격 점수 차이가 많이 나는 평가항목에서 당락이 결정된다고 봐도 무방하다. 배점이 낮은 평가항목에서는 최고점과 최저점의 차이가 얼마 차이가 나지 않지만 배점이 높은 평가항목에서는, 매우 우수와 우수, 우수와 보통의 차이 간격이 너무 크기 때문에 배점이 높은 평가항목에서 간격이 벌어지게 되면 다른 배점 낮은 평가 항목에서 이를 회복하는 것이 거의 불가능하다.

따라서 배점이 높은 평가항목이 어떤 항목인지 사전에 파악하여 각 평가단계마다 이 부분에 대한 철저한 사전준비를 하는 것이 평가에서 좋은 점수를 받는 요령이라 하겠다.

예를 들어 기술개발의 준비성이 5점 배점이고, 수출가능성이 20점 배점이라고 해보자. 기술개발과 관련된 여러 가지 준시사항을 점검하고 준비하는 것도 중요하겠지만 이것보다 더 중요한 것은 수출 가능성을 인정받을 수 있도록 한 장이라도 더 해외 수요 기업으로부터 MOU나 수출계약, 바이어 계약을 체결해 놓는 것이다.

바로 배점이 높은 평가항목이 어디인지를 사업별 관리운영규정에서 확인하고, 이것에 따라 철저한 점수따기 준비를 하는 것이 게임의 법칙을 잘 알고 게임에 임하는 현명한 방법이라 하겠다.

이렇게, 배점이 높은 평가항목이 어디인지를 파악하여 평가를 준비하는 요령을 '변별 포인트 전략'이라고 한다.

첫 출근

아침에 눈을 떠서
오늘도 출근해야 하는
직장이 있는 사람

그 일상의 출근을
감사해본 적이 있나요?

첫 출근의 그날
그때 그 마음을 가끔씩은
꺼내보기 바랍니다.

가끔은 나 자신이
나를 힘이 들게
할 때도 있습니다.

기적

세상에는 기적 같은 일이
참으로 많습니다.

그런데 가만히 생각해보면
그동안 쉼 없이 달려왔던
나의 정착역이 바로 여기 이곳이고
이곳에서 나와 같이 쉼 없이 달려왔던
그들을 만났다는 건

어쩌면 그들을 내 생애의 시간과
내 생활의 공간이 교차하는
이곳에서 만난 건

이건이 기적 아닐까요?

말 3

조직에서 절대 해서는
안 되는 말이
두 가지 있습니다.

하나는
"이것이 내 능력의 한계"
라고 하는 말과

다른 하나는
"최선을 다했다"
라는 말입니다.

왜냐하면 이 두 마디는
조직을 떠날 때만
감히 할 수 있는
말이기 때문입니다.

라이온킹 전략

디즈니의 애니메이션 대작 라이온킹, 아프리카의 평화로운 왕국 프라이드 랜드를 다스리는 사자 무파사에게 아들 심바가 태어난다. 심바는 친구 날라와 어울리며 하루 빨리 아버지와 같은 왕이 되고 싶어 한다.

한편 왕의 동생 스카는 자신이 왕위를 차지하기 위해 하이에나들과 결탁해 무파사를 죽이고, 심바에게 죄를 뒤집어씌워 멀리 내쫓는다. 간신히 목숨을 건진 심바는 유쾌한 미어캣 티몬과 멧돼지 품바와 함께 생활하며 어른으로 성장하고, 그러던 어느 날 옛 친구 날라를 만나 프라이드랜드가 파괴되고 있다는 소식을 듣게 된다.

하지만 자신이 저지른 실수 때문에 고향으로 돌아가기를 거부하는 심바. 결국 아버지의 가르침과 자신의 운명을 깨달은 심바는 스카와 하이에나들을 물리치고 평화를 되찾기 위해 왕국으로 돌아가 스카 무리를 물리치고 평화를 되찾고, 명실상부한 밀림의 왕으로서 우뚝 서게 된다. 그의 아버지 무파사가 했던 것처럼.

우두머리 사자가 가까이 머무는 것만으로도 같은 무리들은 힘을 얻게 된다. 정책자금 라이온킹 전략은 기업R&D 연구과제를 진행할 때, 사업계획서를 제출한 후 대면평가에서 사용하는 전략이다.

영리기업에서 주관기관을 맡아 참여기관이나 위탁기관으로 대학과 함께 R&D 연구과제 신청을 할 때 대면평가에는 반드시 해당 대학교의 과제 책임자인 교수와 함께 참석하도록 한다.

기업 주관기관 책임자와 함께 동행한 대학 교수는 주관기관의 과제 책임자가 발표를 하거나 질문을 진행할 때 아무런 도움을 주지 않아도 된다.

"함께 동석한 OOO 교수님께서는 동 과제의 참여기관의 과제책임자로서 ㅁㅁㅁ 대학교 학과장을 역임하셨고, △△△ 분야에서 다수의 연구 성과를 인정받으셔서 동 과제의 참여기관 과제 책임자로 초빙하게 되었습니다."라고 주관기관 과제 책임자가 발표하게 되면, 대면평가에 참여한 모든 심사위원들은 바짝 긴장할 수밖에 없다.

중소벤처기업부의 기업R&D 연구과제는 대부분의 심사위원이 4년제 대학 교수로 임용되고자 하는 진로를 꿈꾸는 경우가 많고, 그래서 신임교수 추천권을 가지고 있는 대학 학과장에 대해 막연한 경외와 두려움을 가지고 있다.

따라서 학과장을 역임했거나 학과장 후보로 예정된 4년제 대학교 교수가 대면평가 장소에 참석한 것만으로도 심사위원으로 참석한 다른 교수들을 긴장시키기에 충분하다.

이러한 분위기 속에서는 발표를 하는 과제 책임자에 대한 과도한 지적이나 부정적인 질문들, 소위 칼질과 난도질로 대변되는 심사위원의 질문 형태를 찾아보기 어렵고 온화하고 우호적인 태도를 보일 수밖에 없다. 대면평가에 참석한 모든 심사위원들은 최대한 격식과 예의를 갖추어 질문을 하게 되는데, 마치 온순한 양과 같다고도 할 수 있을 것이다.

이런 분위기라면 발표를 하는 과제 책임자가 긴장하지 않고 자기가 준비한 것을 제대로 발표하고, 질문에 답을 이어나갈 수 있다.

지금까지 살펴온 바와 같이 4년제 대학교의 학과장을 역임하였거나 후보로 예정된 교수를 기업R&D 연구과제의 대면평가 현장에 함께 참석하도록 하는 전략을 '라이온킹 전략'이라고 부르고 있다.

기업 업력이 짧거나 대면평가 경험이 적은 기업이라면 충분히 활용해볼 만한 전략이다.

전문위원단이 출범했던 2012년도로 기억합니다. 중전기기 기술 분야와 관련하여 기중차단기의 부품을 개발하는 멘티기업이 있었습니다.

개발하고자 하는 아이템의 기술은 우수했지만 중전기기 분야는 다른 분야와 다르게 신제품 도입에 상당히 보수적인 분야다 보니, 전기관련학회는 물론 산업계와도 긴밀한 관계에 있던 당시 중소기업청의 심사위원들이 신제품의 안전 신뢰도를 문제 삼아 유독 그 멘티기업에게 매번 탈락의 고배를 선사하곤 했습니다.

멘티기업에게 매번 재도전의 용기를 북돋아주곤 했던 전담 전문위원조차 계속 되는 탈락의 고배에 지쳐 있었을 즈음, 필자가 전담 전문위원에게 소개했던 전략이 바로 '라이온킹 전략'이었습니다.

멘티기업에게 잘 아는 4년제 대학 교수가 있는지 물었더니, 성수동에 본교를 두고 있는 모 대학교의 교수가 멘티기업 대표의 선배라고 하면서, 재작년에 학과장까지 역임했다는 것이었습니다.

필자는 다시 재도전을 할 때는 반드시 그 모 대학교를 위탁기관으로 하여 당시의 중기청 과제에 신청하도록 하였고, 반드시 위탁기관 과제 책임자인 그 교수를 대면평가 장소로 함께 참석하도록 했으며, "동석하신 ○○교수님은, 현재 ○○대학교에서 전기관련 학부 교수님으로 얼마 전까지 학과장까지 역임하셨던 분"이라고 강조해서 소개하도록 주문하였습니다.

드디어 무사히 서면평가를 거쳐 대면평가 일정이 잡혔습니다. 그런데 급작스럽게 대면평가 당일 학회 모임이 있어 대면평가 발표장에는 위탁기관 과체 책임자로 동석하는 게 불가능하다는 연락을 하루 전날 받게 되었습니다.

필자는 "이번이 마지막 기회이므로 그 교수를 동석시키지 못하면 또 과제에 탈락될 확률이 높으니 무슨 수를 동원하여서라도 대면평가 발표장에 참석기키도록 하라"고 전담 전문위원을 통해 전달했습니다. 그리고, 무슨 말인지 감을 잡은 멘티기업 대표는 직접 선배를 찾아가서 우여곡절 끝에 대면평가 발표장에 참석하겠다는 약속을 받았습니다.

대면평가 발표장에 참석했던 그 교수는 발표자의 뒤에 비치된 의자에 앉아 눈만 멀뚱멀뚱 하고 있었을 뿐 40여 분 동안 아무런 발언도, 아무런 답변도 하지 않았습니다. 그럼에도 불구하고 결과는 과히 성공적이었습니다. 왜냐하면, 멘티기업 대표가 과제 책임자로 발표를 진행할 때, 동석한 위탁기관의 교수를 모 대학교의 학과장을 역임했던 교수로 소개했기 때문입니다. '학과장'이라는 말이 나온 순간부터 장내의 분위기는 180도로 달라졌다는 것입니다.

대면평가가 모두 종료되고, 평소와 다름없이 발표와 질의응답을 하고 나온 멘티기업의 대표이사는 흥분을 감추지 못하고 전담 전문위원에게 전화를 하였다고 합니다. "전문위원님 말씀 듣기를 참 잘 한 것 같습니다. 심사위원들이 이렇게 온순한 양이 될 줄 몰랐습니다. 질문을 할 때도 공손한 태도를 취했을 뿐 아니라 오히려 평가에 도움이 되는 질문만 골라서 하는 것 같았습니다. 과거에 그 사나운 하이에나들은 다 어디로 갔는지 모르겠습니다."

이에, 전담전문위원은 이렇게 대답해 주었다고 합니다.

"대표님, 그래서 이 전략의 이름이 '라이온킹 전략'입니다. 이제 그 이유를 아시겠습니까?"

용이 되지 못한 이무기와 혼기가 찼음에도 불구하고 시집을 못 간 노처녀에게는 공통점이 있습니다. 그것은 바로 히스테리입니다. 본인보다 공부도 못했던 친구는 인맥이 좋아서 지금 국립대학교 교수를 하고 있고, 본인은 여전히 전문대 교수를 하고 있는 심사위원들의 대부분은 이러한 '한'이 있습니다. 그래서 귀인과의 만남이 필요한데, 그 귀인이 바로 교수 추천권을 가지고 있는 종합대학교의 '학과장'이었던 것입니다.

발표 평가장에 종합대학교 '학과장'을 역임했던 교수가 자리하고 있다는 것 자체 하나만으로, '죽은 공명이 살아 있는 중달을 이기는' 효과를 발휘했던 것입니다.

진실

믿음은 갖되
의지해서는 안 됩니다.

호감은 갖되
편향되어서는 안 됩니다.

신념을 가진 사람이
마음을 움직이고

진실한 마음이
사람을 움직입니다.

비전과 미션

기업에는 비전과 미션이라는 것이 있습니다,

비전은 to have로
이루고자 하는 목표이고

미션은 to be로
기업 존재의 이유를 말합니다.

비전과 미션이 분명하지 않은 기업은
결코 롱런할 수가 없습니다.
조직의 구성원도 마찬가지입니다.

본인의 비전, 즉
to have... 언제까지 무언을
이루고자 하는 명확한 목표가 있어야 하며

본인의 미션, 즉
to be... 이 기업에서 본인의
존재 이유가 명확해야 합니다.

이것이 명확하지 않는 구성원 역시
조직에서 결코 롱런할 수가 없습니다.

뗏목

조직의 구성원 한 사람 한 사람은
자신의 뗏목을 가지고 있습니다.

뗏목은 넓고 크면 클수록
안전합니다.

조직에서 본인의 뗏목을 넓히고자 한다면
본인의 이름을 걸고 하는 업무와
프로젝트가 하나라도 더 많아야 합니다.

그 어떤 바다에도
강풍과 거센 파도가 있습니다.

뗏목이 뒤집히고 부서진 뒤에
후회해도 소용이 없습니다.

지금 나의 뗏목은
얼마나 넓고 안전한가요?

스위칭 전략

정부R&D과제 신청 시에 자금규모가 큰 사업은 자체적으로 하기보다는 컨소시엄을 구성하여 진행한다. 보통 컨소시엄은 주관기관, 영리참여기관(참여기업), 비영리참여기관, 위탁기관으로 나누어진다.

이렇듯 R&D과제의 지원은 단독 신청보다는 위험이 서로 분산되는 컨소시엄의 형태로 진행하는 것이 유리하다.

'주관기관'이란 기술개발사업 과제의 기술개발을 주관하여 수행하는 기관, 단체 또는 기업으로 일반적으로 중소기업이고, '참여기업'이란 기술개발 결과의 활용을 목적으로 기술개발 비용의 일부를 부담하고 과제에 참여하는 중소기업이다.

그런데 컨소시엄을 구성하면서 누가 주관기관이 되고 누가 참여기업이 될지에 대한 고민을 하는 경우가 있다. 즉 핵심기술을 보유한 기업이 컨소시엄 내 다른 기업에 비해 매출규모가 적은 기업임에도 불구하고 핵심기술을 보유하였다는 이유만으로 주관기관을 고수하는 경우가 있다.

정책자금 스위칭 전략은 매출규모가 큰 기업이 주관기관이 되게 하는 전략이라 할 수 있다.

과제를 평가하는 데 있어 매출규모가 큰 기업이 적은 기업에 비해 시장성과 사업화 역량에 있어서 좋은 평가를 받는다. 모든 사업이 그런 것은 아니지만 대부분의 연구과제에서 기술성보다 사업성의 가중치가 더 높으며, 사업성 평가의 주요 심사기준이 바로 시장성과 사업화 역량에 있기 때문이다.

정책자금 스위칭 전략은 매출규모가 상대적으로 적은 기업은 참여기업으로 내려가고 주관기관을 매출규모가 큰 기업이 진행하는 것이 사업 선정에 유리하다.

이러한 주관기관과 참여기업의 정립을 통해 과제 선정을 유리하게 하기 위한 전략을 '정책자금 스위칭 전략'이라 부르고 있다. 야구경기에서 타석에 들어설 때 왼쪽, 오른쪽 타석을 수시로 변경하는 타자를 스위칭 타자라고 부르는 것에서 착안되었다.

물론 사업마다 대면평가를 하는 기준이나 요소에 차이가 있다. 그리고 제품의 독창적인 기술도 중요하다.

하지만 무엇보다 사업화가 되어 제품이 양산되어야 한다는 게 핵심이다. 시장성과 사업화 역량에서 좋은 점수를 받기 위해서는 주관기관 및 참여기관을 제대로 정하는 것이 중요하다.

모 대학 전기공학과 교수들이 주주로 참여해 설립한 차단기 중요부품을 개발하는 멘티기업의 사례입니다.

그동안 자주 오동작을 일으켰던 차단기 전동스프링 조작기를 영구자석의 자기력을 이용한 전자석 액추에이터 부품으로 대체하는 연구를 하던 3년차 부품개발기업이었습니다.

대표이사부터 핵심연구인력 모두가 전기공학과 교수들과 제자들로 구성된 벤처기업이었고, 주주들이 모두 현직 교수들이라서 기술력 하나만큼은 대기업 연구소 못지않게 우수한 기업이었습니다. 다만 아직 제품개발을 완성하지 못한 상황에서 3년이라는 세월을 보내다보니 어느새 재정적 난관에 봉착하게 되었고, 이런 상황에서 지인으로부터 추천을 받은 대표이사가 KOTERA 전문위원단에 정부R&D지원사업에 선정되기 위한 긴급 구조를 요청하였던 것입니다.

해당 기업은 유동성비율 점수가 기준에 미달해 자칫 협약 심사에서 탈락할 수도 있었지만 대표이사의 열정을 높이 산 전담 전문위원의 강력한 추천으로 결국 협회 전문위원단의 도움을 받을 수 있도록 배려되었고, 보유하고 있는 특허와 우수한 기술력에도 불구하고 지난 3년 동안 기업 자체적으로 진행했던 많은 R&D과제에서 탈락했던 원인에 대한 분석을 진행하였습니다.

분석 결과는 기업의 매출액 규모가 너무도 미미하다는 점이 드러났습니다. 고작 연간 몇 백만 원밖에 안 되는 매출액 규모로 수억 원의 정부R&D과제를 수행하겠다고 하는 것은 무리가 있었던 것입니다. 또한 완제품이 아닌 부품을 개발하다 보니 시장진입을 위해서는 반드시 이 부품이 적용된

완제품 개발이 수반되어야 하는 난관이 있었습니다.

물론, 이 부품기업이 완제품기업과의 컨소시엄을 맺지 않았던 것은 아니었으나 컨소시엄으로 R&D과제를 신청할 때마다 이 부품기업이 주관기관으로 신청을 하였다는 것에 문제가 있었습니다. 그 이유를 물었더니 핵심기술에 대한 산업재산권을 이 부품기업이 보유하고 있었기 때문에 참여기업이 아닌 주관기관으로 신청을 해왔었다는 것입니다.

전문위원단은 전담 전문위원을 통해 매출액이 상당한 완제품기업을 주관기관으로 앞세우고 이 부품기업을 참여기업으로 하는 컨소시엄 포맷을 추천하였고, 부품이 아닌 완제품에 주목하여 시장을 공략하는 사업성 전략에 집중하도록 코칭을 하였습니다.

그리고 몇 달이 지나지 않아 이와 같은 전략이 주효하여 각기 다른 완제품 아이템으로 산자부와 당시 중기청 R&D과제에 선정되는 기쁨을 맛보게 되었으며, 여기에서 적용된 '스위칭 전략'에 멘티기업은 놀라움을 금치 못했습니다.

버스카드를 가지고는 비행기를 탈 수 없습니다. 비행기를 타려면 항공권을 지불할 수 있는 충분한 돈이 있어야 합니다. 그런데 지금까지 이 부품기업은 버스카드를 내밀며 비행기를 탈 수 있도록 해달라고 요청했던 것입니다. 번번이 정상을 목전에 두고 평가에서 탈락의 고배를 마실 수밖에 없었던 이유입니다.

R&D과제의 평가에서는, 정부로부터 정부출연금을 투자받아 상용화에 성공할 수 있는지에 대한 신뢰를 평가위원들에게 충분히 전달될 수 있어야 합니다. 이때 진가를 발휘할 수 있는 전략이 '주관'과 '참여'의 위치를 서로 바꾸어 신청하도록 하는 '스위칭 전략'이라 하겠습니다.

그 사람

항상 생각나는 그 사람

다른 사람이 아닌
그 사람이 맡아 했었더라면.

그 사람 같았으면 어떻게 했을까?

그 사람이었더라면.

늘 그 자리만 보면 생각나는
그 산소탱크 같은 사람

오늘도 그 믿음직했던
그 사람이 생각납니다.

지금 나에게 있어
당신은 바로 그 사람입니다.

자기 방식

자기 색깔, 자기 스타일, 자기 방식은
처음부터 있을 필요가 없습니다.

여러 색깔, 여러 스타일, 여러 방식을
두루두루 경험하면서 차츰차츰
자기만의 색깔과 스타일, 방식을
찾아가면 됩니다.

빨강, 파랑, 초록을 물감으로
합치면 회색이 되지만
빛으로 합치면 흰색이 됩니다.

어떤 컬러를 받아들이느냐보다
어떻게 받아들이느냐가 더 중요합니다.

뒤

살면서 자꾸만
뒤를 돌아볼 때가 있습니다.

지나온 시간들이 남은 시간들보다
더 많은 사람은
자꾸만 뒤를 돌아보게 됩니다.

반면 아직도 개척해야 할 시간들이
지나온 시간들보다 많이 남은 사람은
앞만 보고 내달립니다.

지금 나는 어디를 바라보고 있나요?

나도 모르게 자꾸만 뒤를 돌아보게 된다면
섬뜩한 이 한마디를 떠올려보세요.

어쩌면 눈앞에 이미 낭떠러지가
와 있는 건은 아닌지.

앞만 바라보고 뛰는 사람에게는
마지막도 끝도 없습니다.

'울려야 산다' 전략

서면평가를 통과한 기업의 승패는 대면평가를 통해 결정된다. 지금까지 정량적 평가기준에 의해 심사를 받았다면 대면평가에서는 정성적 평가기준에 의해 통과 여부가 결정된다.

정성적 평가기준이란, 기술개발 아이템의 기술적 혁신성과 진보성의 높고 낮음, 사업성의 가치가 많고 적음을 여러 평가위원들이 평가하는 것이다. 최고점과 최저점을 준 평가위원의 점수를 제외하고, 나머지 평가위원의 평균점수가 최종 점수로 결정되는 방식이다.

최고점과 최저점을 제외하는 이유는, 투명하고 명확한 정량적 평가기준과는 달리 좋고 나쁨, 높고 낮음을 평가하는 대면평가에서는 평가위원의 개인적인 판단기준이 제각각이므로 평가의 객관성을 제고하기 위함이다.

사람이 사람을 평가하는 정성적 평가에서는 심사위원들의 심리를 잘 파악하여 심리전에서 유리한 입지를 차지해야 좋은 성과를 낼 수 있다. 즉 왠지 바라만 봐도 짜증이 나고, 말하는 투가 마음에 들지 않는다면 이러한 요소들이 모두 대면평가의 정성적 평가 점수에 영향을 미치게 된다는 것이다.

따라서 평가에 참여하는 기업들은, 말의 속도나 강약에 변함이 없는 밋밋한 발표를 하게 되면 그로 인해 밋밋한 평가점수를 받을 수밖에는 없다.

교황이 우리나라를 방문했을 때, 길거리에서 교황에게 전달할 편지를 써서 교황에게 전달했던 세월호 유가족 한 분을 우리는 기억하고 있다.

교황에게 보내는 편지는 누구나 다 쓸 수 있다. 그러나 수많은 인파를 뚫고 교황의 눈에 띄도록 내가 쓴 편지를 전달하는 것은 아무나 할 수 있는 것이 아니다. 반드시 전달하고자 하는 강력한 의지가 이것을 가능하도록 만들었던 것이다.

대면평가에서 선정되고자 하는 의지가 있다면, 남들처럼 똑같은 무색무취한 발표를 해서는 안 된다. 심사위원들의 눈에 띄어야 하고, 그들의 심금을 울려야 한다. 즉 감동을 주어야 한다. 클로징 멘트, 즉 발표를 끝내는 인사 부분에서 여운이 많이 남는 감동적인 이야기로 마무리를 할 필요도 있다.

실제로 있었던 일이다. 당시 창업진흥원의 창업관련 지원사업으로 기억하는데, 이 청년은 발표를 끝내면서, 이런 말로 마무리를 지었다.

"실은 저희 어머니가 앞을 보지 못하십니다. 그래서 혼자 되신 어머니 곁에는 항상 제가 있어 드렸는데, 저마저 취업 때문에 서울에 올라오는 바람에 지금은 어머님 곁에 아무도 안 계십니다. 그래서 저는 저와 뜻을 같이 하는 몇몇 분들과 함께 오늘 이렇게 음성 내비게이션 GPS 기능이 지원되는 시각장애인용 스마트 지팡이를 개발하게 된 것입니다."

그리고 허리를 굽혀 인사를 하면서 이 과제를 수행할 수 있는 기회를 달라고 마무리했다. 청년의 눈시울은 젖어 있었고 심사위원들의 눈시울도 젖어 있었다. 바로 이것이 '감동을 주는 발표', '사람의 마음을 움직이는 클로징'이라 하겠다.

또 하나의 실제 클로징 멘트를 사례로 들어 보겠다.

"저와 남편은 눈이 오나 비가 오나 새벽부터 개펄로 나가 꼬막을 캐서 지금까지 아이들을 양육해 왔습니다. 어떤 때에는 남편의 관절염 때문에 병원비로 더 많은 돈이 나갔던 적도 있었고, 기름 유출로 꼬막을 캘 수가 없어 아이 급식비조차도 낼 수 없던 적도 많았습니다.

결국 남편마저 병원에 입원한 상태에서 더 이상 그런 식으로 혼자 꼬막을 캐서 팔아봐야 나마저 병원 신세라도 지게 되면 우리 가족은 다 굶어 죽겠다는 생각을 하였습니다. 그래서 뜻을 같이 하는 사람들과 함께 작은 영어법인을 만들어 채취한 꼬막을 그대로 시장에 파는 대신 꼬막된장과 꼬막고추장를 만들어 상품으로 판매해야겠다는 생각을 하게 되었고, 오늘 이렇게 꼬막 된장 개발을 위한 연구개발비를 지원받기 위해 도움을 청하게 되었습니다. 꼭 우리 영어법인이 꼬막된장을 개발할 수 있도록 기회를 허락해 주시길 부탁드립니다."

이 클로징 멘트로 눈물의 마무리를 했던 분은 그 영어법인의 대표였고, 꼬막 아줌마로 잘 알려졌던 분이었다. 그분은 대면평가를 통해, 당시 중기청 과제는 물론 지역 대표상품에도 선정되어 무려 22억 원의 정부·지자체 예산을 투자 받아 현재는 지역에서 유명한 꼬막된장, 꼬막고추장 영업법인을 경영하는 사업가로 성장했다.

심금을 울리는 클로징 멘트를 통해 과제 선정은 물론, 그것을 계기로 기업 성장의 발판과 교두보가 만들어질 수 있다면, 우리는 이 눈물 나는 클로징 멘트에 집중하여 차별화된 대면평가를 위해 사전에 철저한 시나리오 준비와 연습이 필요하다.

'몇 시간만 더 투자하여 '감동을 주는' 클로징 멘트를 준비한다면, 그 몇 시간의 투자로 인해 기업의 운명이 바뀔 수 있기 때문이다.'

심사위원들의 마음에 잔잔한 감동을 줄 수 있는 모티브를 찾아 클로징 멘트

시나리오를 만드는 작업을 우리는 '울려야 산다 전략'이라고 부르고 있는데, 한 가지 유의해야 할 점은 '진실성'라는 것이다. 결국, 진실한 마음이 상대의 마음을 움직일 수 있는 것이기 때문이다.

결코 결과를 얻기 위해 '허위'나 '거짓'으로 시나리오를 만드는 일이 있어서는 안 될 것이다.

명품

명품 대료와 공산품 대료는
별반 다르지 않습니다.
어떻게 제조하느냐에 따라
명품과 공산품으로 구분됩니다.

명품 제조는 절대로 대량생산을 하지 않습니다.
공산품 제조는 반드시 대량생산을 해야 합니다

명품 제조에는 분업화라는 건이 없습니다.
공산품 제조는 분업화를 통해서만 가능합니다.

명품 제조는 그 공정시간이 오래 걸립니다.
공산품 제조는 최대한 빨리 만들어 내야 합니다.

그러나 명품 한 개의 가격은
공산품 수십, 수백 개와 맞먹습니다.

지금 내가 만들어 내는 업무성과는
명품인가요? 공산품인가요?

표류

너무 멀리 부두를 떠나온 배는
아직 연료가 남았을 때
다시 항구로 돌아가야 합니다.

비상 연료도 없이 먼바다에서
연료가 바닥난 배는
조류에 따라 한없이
표류할 수밖에 없습니다.

아무도 없는 망망대해에서
막막하게 구원의 손길을 기다릴 수밖에
없는 그런 상황….

기회의 연료는 항상 있는 건이 아닙니다.

계획이 없으면 계산이라도
할 줄 알아야 합니다.

표류의 시작은 무개념입니다.

존재감

그 빈자리가 언제나 생각나고
안타까운 사람이 되어야 합니다.

존재감 없이 일하는 건은
내가 일하고 있는 건이 아니라
일이 나를 대신하고 있는 건이고
거기에는 내가 없습니다.

42.195km의 풀코스를 1등으로
완주할 능력이 없어서
어디선가 중도 포기를 해야 한다면

전심전력으로 1km 지점까지라도
1등으로 끝내야 합니다.

그런 임팩트가 필요합니다.

침대축구 전략

정책자금의 종류에는 출연금, 보조금, 융자 등이 있다. 이 중에서 출연금은 국가가 신제품이나 신기술을 위해 기업R&D과제를 통해 우수한 업체에 대해 지원을 해 주는 정책자금이다.

출연금을 받기 위해서는 기본 요건인 기업부설연구소를 설립하고, 특허 5건을 출원하고, 벤처인증 등을 통해 가산점을 받은 후 R&D과제에 임하게 된다.

R&D과제는 사업계획서 제출 후 서면평가와 대면평가를 통해 출연금 지원 여부가 확정된다. R&D과제에 대한 합격 여부는 대면평가에서 결정이 되는 만큼 철저한 준비가 필요하다. 심시위원들은 대면평가를 통해 기업의 사업계획과 시장성, 독창성 등을 다각도로 검토하여 출연금 지원을 결정하기 때문이다.

축구경기는 전반전과 후반전으로 구분되어 진행된다. 대면평가를 축구에 비유하자면, 파워 포인트로 작성한 발표 자료를 프레젠테이션 하는 전반 20분과 심사위원들로부터 질의를 받고 답변을 하는 후반 20분으로 구성된다.

대면평가에 대한 평가 및 점수는 실제적으로 전반의 20분은 프레젠테이션에서 거의 결정이 나곤 하는데, 후반전에 해당하는 질의응답 시간은 전반전에 평가했던 점수에 대해 검증을 하는 시간이다. 후반전 질의응답 시간은 앞에서 나온 프레젠테이션 발표 내용을 점검하는 동시에 가점보다는 감점을 주는 데 초점이 맞추어져 있다.

대면평가를 준비하는 기업이라면 사업계획서에 기반을 둔 프레젠테이션 연습과 함께 질의응답에 대한 철저한 준비가 필요하다. 프레젠테이션을 통해 설명한 내용을 심사위원 입장에서는 철저하게 검증하려 할 것이고, 의문이 드는 사항에 대해서는 가차 없는 질문으로 자금을 받을 수 있는 기업인지를 판단하게 된다.

대면평가에 참여한 기업이 프레젠테이션을 잘 했다고 하더라도 질의응답에 대해 철저한 대비를 못하고 연습을 하지 않는다면, 전반전인 프리젠테이션에서 받은 점수를 지키지 못하고 감점을 받는 요인이 될 수밖에 없다.

이런 경우라면 보통 심사위원들로부터 4~5개 정도의 질문을 받게 되는데, 단 1개라도 질문을 덜 받는 것이 감점 요인을 줄여 점수를 지키는 방법이 될 것이다.

이런 이유로 전반전에 한 골이라도 먼저 넣으면 후반전에는 사소한 몸싸움에도 바닥에 드러누워 일어나지 않는 중동축구의 버릇을 빗대서 '정책자금 침대축구 전략'이 나오게 되었다. 질의응답 시간에 하나라도 질문을 줄이기 위해 기본적으로 심사위원의 질문에 대한 답변을 할 때에는 질문한 심사위원이 어느 부분에서 답변을 끊어야 할지 모르게 상세하고도 길게 답변을 해야 한다.

"심사위원님께서 질문하신 내용은 이러쿵 이러쿵 하고 요러쿵 요러쿵 해서 저러쿵 저러쿵 되는데, 이러이러하게 되면 요리요리 되는 결과가 있어서 저리

요리 해야 하며 이리요리 되기 때문에 이리이리해야 합니다."처럼 논리적으로 답변을 길게 하여 전체 질문 수가 줄어들도록 함으로써 감점을 최소화 할 수 있게 되는 결과를 가져온다.

지금까지와 같이 설명한 전략은 대면평가에 대한 준비가 덜 된 기업이 쓰는 임시방편적인 전략이라 할 수 있다.

무엇보다 중요한 것은 대면평가에 있어서 양식에 맞는 문서작업과 해당 내용을 잘 설명할 수 있는 객관적인 자료 확보를 통한 모의 프레젠테이션, 모의 질의응답을 통해 철저하게 준비하는 것이 중요하다.

대면평가는 전반전에 해당하는 발표(Presentaion)와 후반전에 해당하는 질의응답(Q&A)으로 구성되어 있습니다. 축구경기에서 승리하기 위해서는 전반전은 물론, 후반전에도 상대보다 높은 점수를 유지해 나가야 하는 것처럼 대면평가 또한 발표만 잘해서는 결코 좋은 결과를 기대할 수 없습니다.

노래자랑이나 장기자랑 경연대회를 보면, 대부분의 심사위원들이 노래가 다 끝나기도 전에 사실상 채점을 완료하는 모습을 볼 수 있습니다. 채점표에 따라 필요한 사항을 중간 중간에 확인하여 표기를 하다보면, 중간에 이미 채점이 다 끝나게 됩니다.
대면평가의 채점도 이와 크게 다르지 않습니다. 채점표에 있는 대부분의 항목들은 과제책임자가 발표를 진행하는 동안 모두 다 채워지게 되고, Q&A 단계에서는 이 채점 점수를 재확인하거나 하향 조정이 주로 진행됩니다.

강원도 속초에서 자동차 부품을 개발하는 멘티기업이 있었습니다. 협회 전문위원단의 대면평가 리허설을 할 때마다 매번 장거리를 마다하지 않고 적극적으로 참석하는 열정을 보였습니다. 반복되는 연습을 통해, 아이컨택 요령과 강약을 조절하는 법, 발표자의 발표 매너 등을 집중적으로 훈련 받아 어느 정도 발표 스킬은 처음보다 많이 좋아졌으나, Q&A에 대한 연습과 훈련이 상대적으로 부족했습니다.
바로 다음날이 대면평가 당일임에도 불구하고, 당시 과제책임자였던 멘티기업 대표는 여전히 발표에 대한 연습에만 집중하고 있었으며, Q&A에 대한 준비가 매우 허술했습니다. 이때, 당시 그 멘티기업을 케어 하던 전담 전문위원은, 멘티기업 대표에게 특단의 조치를 취할 수밖에 없었는데 그것이 바로 '침대축구 전략'이었던 것입니다.

"20분간의 발표 후에, 20분간의 Q&A가 진행되는데, 이미 모든 채점이 사실상 완료된 상태이므로, 5개 내외의 질문을 받게 될 것이므로 최대한 답변을 오래 끌도록 해야 합니다. 그렇게 해야 질문을 적게 받게 되고 그만큼 감점을 덜 받게 됩니다."라는 조언을 한 것입니다.

대면평가 당일, 자동차 부품회사 대표는 연습한 대로 훌륭한 발표를 진행하였고, 스스로도 충분히 만족을 했습니다. 그러나 문제는 Q&A였습니다. 발표에만 치중하여 연습을 하다 보니, 상대적으로 Q&A에 대한 연습이 충분치 못한 상황이었는데, 이때 전담 전문위원이 조언했던 '침대축구전략'을 떠올리며, 심사위원의 질문에 대해 최선을 다해 길고 장황하게 답변을 하려고 마음을 먹고 준비를 하였던 것입니다.

"지금 제안한 부품은 이미 일본차 ○○○에 적용되고 있는 기술과 비슷한데 차이점이 무엇인가요?"라는 질문을 받자, 그는 "네, 그것은 이러이러하고 저러저러해서 요리조리하게 되었는데 이러저러해서 요리조리와 다르게…."

무려 5분이 넘도록 중간에 심사위원이 어디서 말을 끊어야 할지 모를 정도로 길고도 길게 답변을 했다고 합니다. 나중에 물어보니, 멘티기업 대표도 본인이 무슨 말을 답변했는지 모를 정도로 숨도 안 쉬고, 결국 심사위원이 마지못해 강제로 답변을 제지할 때까지 계속하였다고 합니다.

결국 다른 회사들은 통상 5개 내외의 질문을 받았으나 이날 이 멘티기업은 3개밖에 질문을 받지 않았습니다.

다른 회사보다 2개나 적은 질문을 받았던 결과였는데, 결국 가까스로 과제에 선정이 되었던 이 멘티기업 대표는 당시의 상황에 대해 이렇게 회상했습니다.

"당시 침대축구 전략에 따라 최대한 답변을 길게 한다고는 했으나, 이번 경험으로 배운 것은 침대축구 전략이 필요 없을 정도로 Q&A에 대해서도 충분한 연습을 하는 것이 더 바람직하다."

미처 충분한 Q&A 연습이 덜 된 기업들이 있다면 한번쯤은 써먹어 볼 만한 전략, 그러나 매번 써먹기에는 오히려 더 불편한 전략, 이것이 침대축구 전략입니다.

똑똑

누가 누가 똑똑한 사람일까요?

팥을 콩이라고 막무가내로 우기는 사람
팥은 왜 팥이고 콩은 왜 콩인지 설명하는 사람
팥을 콩이라고 우기면 "그래, 네 말대로 콩이다."라고 말하는 사람
왜 팥을 콩이라고 말하는지 제대로 설명해 달라고 요구하는 사람

다들 자기가 똑똑한 줄 압니다.

조직에서 필요한 인재는 똑똑한 사람이 아닙니다.
"어쩌면 내가 틀렸을 수도 있어"라고
항상 자신을 되돌아 볼 줄 아는
그런 겸손한 인재가 필요합니다.

똑똑하다고 본인이 조직의 수장인 양 착각해서는 안 됩니다.
조직의 수장에게 필요한 존재는
수장이 무언을 원하고 있는지를 제대로 간파하고
그 임무를 제대로 수행해 내는 그런 인재입니다

마음그릇

처음부터 모든 건을 이해하고 많은 건을
담을 수 있는 그런 큰 마음그릇을 가지고
태어난 사람은 없습니다.

한번씩, 끊어질 듯한 고통과 그 한계점까지
다다르면서 그렇게 그 마음그릇의
용량은 커지게 됩니다.

지금 많이 아픕니까?

그 마음그릇이 더 많은 건을 담을 수
있기 위해 겪는 성장통입니다.

인생의 많은 선배들도
이렇게 마음그릇을 키워왔습니다.

무게중심

들떠 있으면 넘어집니다.

무게의 중심은 항상 낮게 있어야 합니다.

지금 내 마음의 무게중심은
어디에 있습니까?

지금 내가 서 있는 내 발 밑에
무게의 중심이 없다면
항상 불안하고 위태로울 수밖에 없습니다.

내 삶의 무게중심이 바로 나 자신이 맞다면
내 마음의 무게중심 역시 지금
내 발이 머무는 바로 이곳에 있어야 합니다.

부채 전략

발표평가라고도 하는 '대면평가'는 정부R&D과제의 당락을 결정할 만큼 그 가중치가 절대적이라 할 수 있다. 20분간 진행되는 발표시간 외에도 20분간의 질의응답 시간 전반에 걸쳐 치열하고 긴박한 심리전이 진행되는데, 이 심리전에서 유리한 입지를 선점하는 것이 선정에서 보다 유리하다.

전반부에 해당하는 프레젠테이션 할 때 우리가 진짜 하고 싶은 말은 "우리 회사를 뽑아주세요." "우리 회사를 선정해 주세요."라는 말이지만, 이러한 말을 직설적으로 할 수는 없다.

대신 우리 회사를 선정할 수밖에 없는 합당하고 타당한 이유를 논리적으로 충분히 설명해야 하는데, 발표하는 모든 회사가 "우리 회사가 잘났다."라고 하는 이상 그 우열을 가리는 것이 쉽지는 않다.

따라서 이때 적절히 사용할 수 있는 전략이 바로 '부채전략'이다. 사전에 다수의 수요처로부터 '구매의향서'를 받아, 프레젠테이션을 진행할 때 이러이러한 기업들로부터 현재 구매의향서까지 받은 상태임을 강조하는 것이다.

이러한 어필은 심사위원들에게 "우리 회사가 과제에 선정되지 못하면 지금 받아놓은 구매의향서가 모두 물거품이 된다." 라는 부담감을 줄 수 있다. 즉 이렇게 의욕적으로 구매의향서까지 준비한 기업을 탈락 처리하는 것은 심사위원들에게도 부담감을 주기에 충분하다.

그렇다면 구매의향서는 어디서 어떻게 구할 수 있을까? 대략 5매의 구매의향서를 준비한다면 2개 회사는 이름만 들어도 알 만한 곳으로, 나머지 회사는 소위 말하는 '듣보잡' 기업으로 준비해도 무방하다.

그럼 이름만 들어도 알 만한 기업으로부터 어떻게 구매의향서를 받을 수가 있을까? 여기서 우리는 '기업명'에 주목할 필요가 있다. 즉 '기업명'이 중요한 것이지, 기업 내 '부서명'이나 '담당자'가 중요한 것은 아니다.

구매의향서라고 해서, 반드시 기업 대표나 임원으로부터 받을 필요는 없는 것이다. 기업에서 기업에 필요한 물품이나 제품에 대한 구매의향은 구매를 할 수 있는 부서라면 그 누구든지 상대 거래처에 구매의향을 물어볼 수 있고, 구매에 필요한 자료를 요청할 수 있다. 즉 구매의향을 밝히는 부서는 영업부일 수도 있고, 관리부서일 수도 있으며 생산부서도 얼마든지 가능하다. 구매의향이 곧 구매계약은 아니므로 사실상 기업 내 모든 부서는 자유롭게 외부에 구매의향을 밝히고 구매에 필요한 자료를 요구할 수 있는 것이다. 또한 영업부내에 있는 구성원이라면, 영업부장이든 과장이든 대리든 말단 사원이든 누구든 간에 구매의향을 밝히고 도움자료를 요청할 수 있는 것이다.

예를 들어 '파리바케트' 본사도 '파리바케트'이고, 우리 동네 프랜차이즈 '파리바케트'도 '파리바케트'인 것이다. 또한 '세븐일레븐' 본사도 '세븐일레븐'이고, 우리 동네 편의점 '세븐일레븐'도 '세븐일레븐'이다.

또한 구매의향서의 내용에는 어떤 제품을 몇 대 구입하겠다는 내용이 담겨져 있는 것도 구매의향서이지만 구매에 참고하기 위해 관련된 카탈로그나 참고자료를 요청하는 내용이 있어도 구매의향서인 것은 마찬가지다.

친인척 혹은 지인을 동원한다면 '이름만 들어도 알 만한 기업'으로부터의 구매의향서를 받는 것도 그리 어려운 일은 아니다. 구매의향서에는 구매의향을 밝히는 담당자나 담당자의 근무부서가 중요한 것이 아니라 그 사람이 소속된 '회사명'이 중요하기 때문이다.

그렇다면 왜 이 구매의향서를 '부채전략'이라고 명명하고 있을까?

프레젠테이션 내내 한 손에 5매 내외의 구매의향서를 부채처럼 흔들면서 들고 만 있다가 클로징 멘트를 진행할 때 하나씩 읽어 내려가는 모양새를 빗대 '부채전략'이라고 명명한 것이다.

자 이제 프레젠테이션을 진행할 때, '부채 전략'을 한번 써보도록 하자. 아마 과거와는 다르게 놀라운 결과를 직접 눈으로 확인할 수 있을 것이다.

노력

실제로 행운이 왔을 때
생각했던 건보다 더 기쁘고
실제로 불운이 닥쳤을 때
생각했던 건보다 더 슬픈 이유는

행운은 나만큼 남들도 함께 기뻐해 주지만
불운은 나 혼자 감당해야하기 때문에 더 비참합니다.

내가 제어할 수 없고 예측할 수 없는 팁을 선택하게 되면
성공보다는 실패할 확률이 더 높습니다.

그렇기 때문에 내가 통제할 수 있고
예측 가능한 팁만 선택해야 하며
나의 통제력과 예측력은 나의 노력에
의해서만 키워 나가야 합니다.

곧 나의 노력만이 모두에게
축하받는 행운을 만들어 냅니다.

소나무

한 번에 훌쩍 크고자 하는
욕심은 버려야 합니다.

조직에서도 처음부터 큰일을
맡고자 하는 욕심을 버리고
작은 일부터 하나하나 타근타근
점수를 쌓아나가야 합니다.

삼 개월 만에 훌쩍 다 커버린 대나무는
폭풍우에 부러질 수 있지만

삼십 년에 걸쳐 조금씩 자라온 절벽 소나무는
쉽사리 부러지지 않습니다.

촛불

작은 촛불 하나라도
불빛은 언제나 어둠을 이깁니다.

그 어둠이 진하고 더 어두울수록
그 불빛은 더 밝게 빛이 납니다.

초심의 그 열정과 그 다짐의 촛불이
꺼지지 않도록 해야 합니다.

비록 지금은 작은 촛불이지만
머지않아 어둠을 환히 밝힐
횃불이 되어 타오르게 됩니다.

아이컨택 전략

대면평가에서 요긴하게 활용할 수 있는 세 번째 전략으로 아이컨택 전략을 소개하고자 한다.

투자를 받거나 융자를 받을 때, 신청기업의 책임자를 직접 대면하고 그 책임자가 믿을 만한 사람인지 여부를 확인하는 것은 매우 중요한 요인이 된다. 즉 투자나 융자를 진행하는 데 있어서는 사람의 됨됨이까지 일일이 따져보게 된다.

돈을 빌리거나 투자를 받겠다고 하는 기업의 책임자가 심사역이나 심사위원의 눈도 제대로 못 마주치고 자신감 없는 답변을 이어나간다면 상환에 대한 신뢰에 의심을 받게 된다.

돈을 빌려주는 사람 입장에서는 빌려가는 사람이 언제까지 상환하겠다거나 어디에 돈이 필요하며, 얼마나 어떤 효과가 있는지에 대해 확신이 있어야 한다. 이러한 내용이 사업계획서에 적어놓은 것만으로는 부족하다. 기업의 책임자가 직접 자기 입으로 언급하고 말해 주기를 원한다.

같은 말을 하더라도 사람의 눈을 보고 하는 사람과 눈도 마주치지도 못하고 말하는 사람은 상대에게 주는 신뢰감에서 차이가 날 수밖에 없다. 눈도 마주치지 못하고 말하는 사람에게서는 결코 확신이나 안심을 얻지 못하게 된다.

따라서 이것 때문에 의심에 찬 질문이 줄을 잇게 되고, 이러한 질문, 즉 의심이 발동하여 하게 되는 질문에 대해서는 아무리 답변을 잘 해도 꼬투리를 잡히는 것이다.

20여 분 동안 대면평가를 진행할 때, 발표자는 의도적으로 심사위원 한 사람 한 사람마다 눈을 마주치도록 의도적인 행동이 필요하다. 이렇게 대면평가 내내 심사위원 하나하나와 눈을 마주치고 난 다음 진행되는 질의응답 시간에는, 의심이 발동하여 하는 질문보다는 확신 내지는 안심이 발동하여 하는 질문이 주를 이루게 된다.

그리고 이렇게 확신이나 안심이 발동하여 하는 질문에 대한 답변을 할 때도 질문한 사람의 눈을 보며 답변을 하게 된다면, '아~ 그렇기 때문에 이렇게 되는 거구나.' 라는 식으로 심사위원 본인의 처음 생각했던 확신이나 안심의 강도를 한층 더 높이게 되는 것이다.

반면, 눈을 마주치지 않아 의심이 발동되는 질문에 대한 답변에서는, '아~ 그렇기 때문에 이렇게 되는 거구나.' 라는 식으로 본인이 처음 생각했던 불확실성과 부정적인 의심이 한층 더 강화된다.

기업R&D 지도사들이 진행하는 대면평가를 위한 사전훈련에서는, 발표자가 의도적으로라도 심사위원 한 사람 한 사람과 눈을 마주치며 발표를 할 수 있도록 세심한 지도를 하고 있다. 아이컨택의 작은 차이가 당락에 중대한 영향을 미치기 때문이다.

끝으로, 눈을 마주친다고 하여 무조건 사람의 눈을 뚫어져라 보는 것이 아니라 상대에게 안심을 줄 수 있는 온화한 인상(살짝 미소를 띤)을 짓는 연습도 함께 하는 세심한 준비도 반드시 필요하다.

인재

다른 건은 못해도 한 가지 업무는
완벽하게 잘 하는 사람

제대로 잘하는 건도 없지만
거의 모든 업무를 다 알고 있는 사람

사실 이 두 유형의 인대는
조직에서 필요가 없습니다.

조직에서는 극과 극의 끝에 위치한 인대는
조직의 발전에 도움이 되지 못합니다.

본인이 제대로 할 줄 아는 업무를
관련 있는 영역부터 점차 확대해 나갈 수 있는 사람

조직에는 그런 톰톰한 거미줄 같은
인대가 필요합니다.

열매

모든 나무는
꽃이나 열매가 있습니다.

본인의 업무에도 언젠가는
꽃이나 열매가 있습니다.

비록 지금은 잎만 무성하더라도
언젠가는 그 결실이 있기에
희망이 있습니다.

좋은 열매가 열릴 수 있도록
좋은 거름을 공급해야 하겠습니다.

매력

보기 좋은 음식이
맛도 좋을 건 같고

예쁜 꽃에 한 번 더
눈길이 가듯

사람도 그렇습니다.
매력 있는 사람이
능력도 있습니다.

매력은 기대를 불러오고
기대는 가능성을 불러옵니다.

가능성은 결국
성공을 만들어 냅니다.

지금 나에게는 어떤 매력이 있나요?

PASS 전략

기업R&D과제 중에는 해외 수요처에 납품을 전제로 개발하는 신제품에 대하여 그 개발에 소요되는 자금을 지원하는 사업이 있다. 그 대표적인 지원사업이 바로, 중기부의 해외구매조건부 신제품개발사업이다.

동 지원사업에 신청하기 위해서는 E등급 이상의 해외 수요기업 신용등급 확인서 외에도 신제품을 납품하기로 한 수출 관련 계약문서가 필요하다. MOU, LOI, 수출(구매)계약서, PO 등의 문서가 필요한데 이러한 문서에 반드시 포함되어야 할 내용이 바로 이제 설명하고자 하는 PASS 전략이다.

[PASS] P= Period / 계약기간의 분명한 명시

PASS의 P는 Period로, 계약기간이 분명히 명시되어 있어야 한다. 이때 유의할 것이 납품시기인데, 납품시기가 과제개발기간 2년 내의 시기에 포함되지 않도록 유의해야 한다. 즉 개발이 완료된 이후에 납품이 진행되어야 하는데 납품시기가 개발기간 중에 포함되어 있으면 이미 개발된 제품으로 오인을 받을 수 있으며 신제품개발 자체를 의심받을 수 있으니 유의해야 한다.

납품일시는 개발이 완료된 후 3~6개월이 되는 시기로 하는 것이 바람직하며, 특정한 날짜를 지정하는 것보다 언제부터 언제까지의 범위를 정하여 납품하도록 하는 것이 좋다. 즉 개발완료 후 3개월이 되는 시점부터 6개월 이내까지 납품이 진행될 수 있도록 하되, 필요에 따라 납품의 차수를 연도에 따라 1차, 2차, 3차로 구분할 수도 있다. 이때 계약기간은 마지막 납품을 진행하는 기간까지를 모두 포함하여 지정되도록 해야 한다.

[PASS] A= Amount / 계약기간 중 납품 총량과 총액도 분명하게 명시

두 번째 A는 Amount로 계약기간 중 납품하는 총량과 총액이 분명하게 명시가 되어 있어야 한다. 중기부의 구매조건부 신제품개발 과제는 정부지원금의 3배 이상 납품이 최소 규정이며 전략적으로는 5배 이상이 납품될 수 있도록 계약서류에 명시되도록 하는 것이 유리하다. 이때, 납품하는 제품이 유형의 제품이 아니라 SW나 솔루션인 경우에는 최소 납품금액이 정부지원금의 1배이지만 이것도 전략적으로 3배 이상으로 설정하는 것이 유리하다.

납품 총액의 표시는 1회 납품으로 하여도 되고 차수별로 나누어 납품을 하여도 된다. 예를 들어 정부지원금이 5억 원이라면, 1차 납품대금을 25억 원으로 하여도 되고 5차로 나누어 각 차수 당 5억 원씩 납품되도록 계약서에 기재되도록 하면 된다.

[PASS] S= Spec / 해외 수요처가 납품받는 제품의 성능 요구사항 명시

세 번째 S는 Spec으로, 해외 수요처가 납품받는 제품의 성능 요구사항이 계약서에 명시되도록 해야 한다는 것이다. 즉 납품되는 제품의 특정한 성능이 항목별로 정리가 되도록 해야 하며 이러한 성능에 대한 검증하는 방법과 절차 그리고 시기에 대해서도 분명히 계약서에 명시되도록 해야 하는 것이다.

이때 유의할 것은 개발하는 제품의 성능과 납품하는 제품의 성능이 동일하거나 유사해야 하는데, 이 부분이 서로 상이하면 다른 제품이나 기존 거래하던 제품을 납품하는 것으로 오인받을 수 있으므로 유의해야 한다.

[PASS] S = Shipping / 선적방법, 인도장소, 비용지불처 등 명시

마지막 S는 Shipping으로, 선적방법과 인도장소는 어디까지로 하는지, 이 비용은 누가 지불하는지도 분명히 명시되어야 한다. 즉 무역거래 인도조건이 EXW(공장 인도조건)인지, FOB(본선 인도조건)인지, CFR(운임 포함 인도조건)인지, CIF(운임, 보험료 포함 인도조건)인지, DDP(매도인 관세지급 인도조건)인지가 명시되도록 해야 한다.

이렇게 4가지의 중요한 요건이 수출 관련 계약문서에 반드시 포함되어야 하는데 이 중에서 어느 한 가지라도 미진한 부분이 있으면 서면평가에 앞서 진행되는 적격심사를 통과할 수 없으므로 PASS 전략을 꼭 기억해 잘 활용하도록 해야 한다.

독수리

때로는 독수리의 눈이 필요합니다.

조직 내에서의 작은 분쟁이나 갈등도
정확히 포착할 수 있어야 합니다.

때로는 독수리의 날개가 필요합니다.

업무추진에 있어 추동을 불허할 만큼
빠른 속도를 낼 수 있어야 합니다.

때로는 독수리의 발톱이 필요합니다.

한번 시작한 프로젝트는 결코 흐지부지 되는 일이 없도록
끝까지 완벽하게 마무리를 할 수 있어야 합니다.

중용

중용은 부족하지도 과하지도 않는
상태를 일컫는 좋은 말이지만

타갑지도 뜨겁지도 않은 미지근한
업무태도는 비난 받아 마땅합니다.

모든 상황에서 항상 중간자적 위치만
고수하는 자에게는
적도 없지만 아군도 없습니다.

상황에 따라 화산처럼 타오르며
뜨거워야 할 때도 있고

시베리아 겨울바람처럼 차갑고
냉철해야 할 때도 있습니다.

이도 저도 아닌 미지근한 태도의 리더는
대세를 이끌 수 없습니다.

임무

모든 사물에도
고유의 임무가 있습니다.

펜의 임무는 무언가를
그리거나 쓸 수 있도록 하는 건이고

컵의 임무는 무언가를
그 안에 담을 수 있도록 하는 건입니다.

잉크가 떨어진 펜이나 구멍 뚫린 컵은
사용자에게 버림받을 수밖에 없습니다.

본연의 임무를 다하지도 못했으면서
왜 나를 버렸냐고 사용자를
원망해서는 안 됩니다,

지금 나는 본연의 임무를
충실히 수행해 나가고 있습니까?

정책금융
쉽게 조달하기

K값 전략

금융기관을 통해 기업대출을 받을 때, 각종 재무비율이나 기업의 정보 등을 입력하면 융자 또는 보증서 발급한도가 산출되는 것으로 잘못 알고 있는 기업들이 많다.

금융기관들은 이러한 프로그램을 사용하지 않는다. 금융기관에서 사용하는 금융심사 프로그램의 원조는 CCRS(기업신용평가시스템 ; Credit Counseling & Recovery Service)로 1,000점 만점을 기준으로 몇 점이 산출되느냐는 식으로 기업의 신용평가점수가 산출되는 방식이다.

금융기관마다 조금씩 다르겠지만 예를 들어 설정한 커트라인이 700점이라 하자. 평가를 받는 기업의 기업신용평가점수가 700점을 통과하면 융·보증이 되는 것이고, 그렇지 못하면 탈락하는 것이다.

CCRS 점수를 산출하기 위해 사전에 입력해야 하는 여러 가지 값들이 있는데 그 중에 하나가 바로 융·보증금액이다. 즉 1억 원을 입력하였을 때는 커트라인 점수를 넘는 점수가 나오는데, 2억 원을 입력하자 커트라인에 미치지 못하는 점수가 나오는 경우가 있다.

이렇게, 융·보증 가능금액은 처음부터 CCRS에 입력되는 값이지 CCRS를 통해 산출되는 값이 아니라는 것이다.

그렇다면 누가, 어떤 조건으로 융·보증 가능금액을 정하는 것일까?

그것이 바로 K값이라고 하는 것이다. 이 K값은 기업대출에 있어서, 증빙 가능한 최근 1년(또는 직전 4분기) 매출의 25%에서 기존 대출(또는 보증) 잔액을 차감한 값이다. 바로 이 값이 현재 기업이 조달 가능한 융·보증 최대금액이다.

예를 들어 보자. 아직 다른 금융기관에 대출이나 보증이 없는 기업의 최근 1년 매출액이 4억 원이라면, 지금 이 기업이 받을 수 있는 융·보증한도금액은 얼마일까? 그렇다. 4억 원에 25%를 곱하면 1억 원이라는 답이 나온다. 바로 이 1억 원이 K값이고, 이때 기업R&D 지도사는 기업에게 K값이 1억 원이라고 말해 주는 것이다.

한편, 금융기관은 금융기관의 지점 단위로 부여된 여신 강도 평균비율에 따라, 해당 지점의 기존 융·보증 실적이 과도할 때는 K값보다도 훨씬 아래의 금액으로 진행하고, 반대로 금융기관의 여신에 대한 부담이 약할 때는 처음부터 K값에 해당하는 금액으로 CCRS 평가를 진행하게 된다.

문제는 기업 입장에서 금융기관에서 뒤집어 놓은 히든카드에 기재된 K값을 모르므로 금융기관 담당자가 집행을 하고 있는 것인지, 기업이 받을 만큼 받을 수 있는 최대치를 제시하는 것인지를 도무지 알 수가 없다는 것이다. 같은 해에는 중복 융·보증으로 추가 대출을 받을 수 없기 때문에, 어차피 한번밖에 쏠 수 없는 화살이라면 제대로 활시위를 당겨 과녁에 맞춰야 한다. 그런데 금융기관에서 제시한 금액이 과연 기업이 받을 수 있는 최대치의 금액인지 여부는 K값을 모르는 이상, 가늠조차 불가능한 것이 현실이다.

이제 눈에 보이는가? 상대의 히든카드가 눈에 보이는가?

그렇다면 지금부터는 포커페이스를 유지해야 한다. 상대가 가지고 있는 히든카드가 무엇인지 알고 있다는 것을 눈치 채도록 한다면 게임에서 이길 수 없다. 알아도 모르는 척, 진행 과정의 물살을 거슬러서 K값까지 올라가는 협상의 기술이 바로 기업에 필요한 금융조달 스킬이다.

한편, K값을 안다는 것은 기업 스스로 기업의 분수를 아는 것이라고 해도 과언이 아니다. 이제는 "모르면 용감하다." 라는 소리를 들을 때가 아니다.

조금이라도 자금조달의 유리한 입지를 차지하고 싶다면, 상대의 패를 알고, 알아도 모르는 것처럼 포커페이스를 유지하는 기술, 바로 이 기술이 오늘날 기업에 꼭 필요한 금융조달 스킬인 'K값 전략'이다.

경보

조기경보시스템은
군에서만 필요한 건이 아닙니다.

조직 내 구성원 간의 갈등 기류
조직에 대한 구성원의 공통된 불만
조직에 대한 외부로부터의 반응
부정적인 피드백 등이 감지될 때

조기에 경보를 울리고
즉각적인 조치를 취해야 합니다.

경보는 그 자체가 해결책은 아니지만
해결 처방을 사용할 수 있는
적기임을 알려주는 건입니다.

경보가 울려야 할 때 울리지 않거나
경보가 울려도 아무런 조치를 취하지 않는다면
그 조직은 머지않아 산산조각 나 무너지게 됩니다.

실패 3

시도하다가
실패할 수는 있습니다.

실패했다고
능력이 없는 건이 아닙니다.

영점사격을 통하여
최적의 가늠자 상태를 조정하듯

많은 실패를 통해
성공할 수밖에 없는 환경이 만들어 집니다.

실패가 최고의 스승이며
길잡이입니다.

실패를 통해
업그레이드할 줄 아는 사람

이런 사람이
능력 있는 인재입니다.

선택

학교에서 교사가 학생을 나무라는 건은
학생에게 잘할 수 있는 기회를 주는 건입니다.

군대에서 선임병이 신병을 나무라는 건 또한
신병에게 잘할 수 있는 기회를 주는 건입니다.

기업에서 상사가 직원을 나무라는 건은
이와는 좀 다릅니다.

왜냐하면 겉으로 보기에는 직원이 잘 하도록
기회를 주는 건 같지만 이면에는
이 일이 본인과 맞지 않으면 다른 직장을
알아보라는 메시지도 함께 있기 때문입니다.

학생과 군인은 스스로 조직을 나와
다른 조직을 선택할 수 없지만

직장인은 스스로 그 선택을 언제든지
할 수 있기 때문에 항상 최선의 만남이 아니면
언제든지 이별할 수가 있는 건입니다.

CCRS 분석 전략

CCRS란, Corporate Credit Rating System의 약자로 기업신용평가시스템으로 불리고 있으며, 국내 모든 금융기관이 동 시스템을 그대로 도입하여 사용하거나 여기에 각자의 첨단기법을 덧붙여 기업신용평가에 활용을 하고 있다.

'기업신용평가시스템(CCRS)은 2001년 6월 중소기업의 신용도 등급화를 통한 우량기업 선별기능 강화 및 보증의 건전성 제고를 위해 S&P 등 선진평가시스템을 근간으로 한국 기업 특성에 맞게 신보에서 자체 개발한 중소기업 신용평가시스템이다.'

CCRS는 1,000점 만점 기준으로 구성되어 있으며, 주요 3대 항목은, 주로 안정성과 관련된 '재무 항목', 리스크와 관련된 '비재무 항목', 기업 대표와 관련된 '대표자 항목'으로 구분된다.

이렇게 3개 항목은 기업의 규모에 따라 그 가중치가 다르게 적용되는데, 기업의 자산규모가 120억 원 이상인 '외감기업'인 경우에는 안정성이 기업에 더 큰 주요 가중치이므로 60%의 가중치가 '재무 항목'에 배정된다.

반면, 자산규모가 10억 원 미만이거나 개인사업자인 경우를 '소기업'으로 분류하고 이러한 소기업에 대해서는 리스크가 더 큰 주요 가중치이므로, 60%의 가중치가 '비재무 항목'에 배정된다.

 이렇듯 주요 가중치는 60%의 가중치가 부여되고, 대표자 항목에는 20%의 가중치가 부여된다. 그리고 외감기업부터는 '대표자 항목'은 평가의 대상이 아니므로 '재무 항목'과 '비재무 항목'만 있다.

 이것만 알아도, 가운데에 있는 자산기준 10억 원 이상, 120억 원 미만의 '비외감기업'의 가중치는 자연스럽게 재무 항목 40%, 비재무 항목 40%, 대표자 항목 20%라는 것을 쉽게 알 수 있다.

 재무 항목은 주로 부채비율, 유동비율, 자기자본비율 등과 같은 재무비율로 정량화 되어 있는데, 이 재무 항목의 산출은 수시로 바뀌는 것이 아니라 전년도의 결산재무제표에 따라 이듬해의 재무비율이 줄곧 동일하게 적용된다. 한 해 농사를 잘 짓고 못 짓고를 재무항목의 점수가 좌지우지하는 것이다.

 또한 대표자 항목도, 대표자의 개인신용등급 점수와 관련 경력년수 및 주식 보유비율인데, 이것도 매번 달라지는 것이 아니라 한 번 조정된 값으로 줄곧 변함없이 간다고 하겠다.

 문제는 영업리스크, 제품리스크, 시장리스크 등과 같은 리스크 요인을 주로 다루는 '비재무 항목'이다. 여기에는 다분히 평가자의 주관적인 의견이 들어갈 수밖에 없다. 그렇기 때문에 "너무 편파적이니, 주관적이니" 하는 소리를 듣지 않기 위해 보통 '재무 항목'과 '대표자 항목'의 평균치가 바로 '비재무 항목'의 점수가 되도록 하는 방식이 현장에서 많이 적용되고 있다. 즉 재무 항목과 대표자 항목의 평균이 70%라면, 비재무 항목도 만점기준 70%이므로, 전체적으로는 1,000점 만점 기준으로 하여 700점이라는 산출을 가늠해 볼 수 있다는 것이다.

따라서 특히, 소기업인 경우에는 대표자의 개인신용등급의 가중치가 비록 20%밖에는 되지 않는다고 해도, 이것이 전체적으로 차지하고 있는 비중은 소위 말하는 '3%의 룰'처럼 매우 크다. 이건희 회장이 비록 삼성전자의 지분을 3%밖에는 소유하지 않았다고 해도 순환출자 등의 지배구조에 따라 전체 삼성그룹을 좌우지하는 최대주주인 것처럼 말이다. 따라서 소기업에서 차지하는 대표자 20%의 가중치는 전체 기업신용평가 점수를 좌우하는 키포인트라 하겠다.

앞에서 설명한 K값과 이번 챕터에서 다루는 CCRS를 합하여 결론으로 정리하자면, 기업의 여신한도는 기업신용평가시스템(CCRS)을 통해 산출되는 것이 아니라 심사역이 심사역의 방식(K값 산출방식)으로 여신금액을 정해 놓고, 다른 값들과 함께 CCRS에 데이터를 입력하면 CCRS에서는 1,000점 만점 기준으로 점수가 산출된다.

각 금융기관마다 각 금융상품에 따라 정해 놓은 커트라인(보통 700점 전후)을 통과하면 당초 입력했던 여신금액의 대출이 가능한 것이고, 커트라인에 미치지 못한다면, 당초 입력했던 여신금액의 1/10, 1/100이라도 여신 자체가 불가능, 즉 거절된다는 것이다.

Company

Company가 함께 모여(com)
빵(pany)을 나눈다고
동아리식 발상을 해서는 안 됩니다.

Company는 무료급식소가 아닙니다.

Company는 함께 모여(com) 빵(pany)
즉 회사의 먹거리(pany)를
함께 만들어 나가는 것이
Company입니다.

한 계단

한 계단 오르기를
멈추어서는 안 됩니다.

처음부터 정상을 바라보며 계단을 오르면
금세 지쳐서 포기하기 십상입니다.

앞에 있는 한 계단만
오르면 됩니다.

하루에 한 계단씩
조금씩만 올라가면 됩니다.

중요한 건 계단이 아니라
오르고자 하는 변함없는 의지와
그 꾸준한 실행입니다.

마음

내 마음 몰라준다고
답답해 하며 원망하기보다는

내가 먼저 상대의 마음을
헤아릴 줄 알아야 합니다.

문제의 대부분은 상대의 마음을
헤아릴 때 해결됩니다.

상대방의 마음을 헤아리는
방법은 간단합니다.

내 마음대로 짐작하는 것이 아니라
솔직히 내 마음을 먼저 말한 다음
상대방의 마음을 물어보면 됩니다.

우리는 이 쉬운 일을
알면서도 못하고 있습니다.

물과 기름을 함께 물병에 넣고 아무리 흔들어 섞어도 결국 물은 아래로 기름은 위로 분리돼 섞이지 않는다. 기업이 물이라면, 보증기관은 기름에 해당한다. 기업이 기대하는 만큼 보증서를 발급받지 못하는 경우가 많다.

이때 물과 기름을 하나가 되도록 하는 촉매제가 있다. 즉 염화나트륨($NaCl$)이라고 하는 소금이다. 소금은 물과 기름이 하나로 결합하도록 하는 화학적 작용을 하게 되는데, 이렇게 물과 기름에 소금을 넣게 되면 물과 기름이 뿌옇게 하나로 합쳐지게 된다.

그렇다면 기업과도 친하고 보증기관하고도 친한 '소금' 같은 존재가 있을까? 바로 주거래은행이 바로 그러한 역할을 하게 된다. 이러한 업무는 통상 주거래은행의 부지점장이 담당하고 있는데, 부지점장을 기업으로 부르거나 직접 은행을 방문하여 보증기관 이용에 도움을 청하면 의외로 만족스러운 결과를 얻을 수 있다.

이러한 주거래은행은 보통 두 군데를 이용하는 것이 좋다. 기업의 보증신청에 있어 보다 적극적으로 도움을 주는 주거래은행에서 보증 대출을 진행하면 좋은 결과를 이끌어 낼 수 있다.

예를 들어 기업에서 예상한 보증가능 산출금액이 1억 8천만 원이고, 기업이 필요로 하는 금액이 2억 원이라고 하자. 주거래은행으로부터 도움을 받게 되면 이런 부분을 생각보다 쉽게 해결할 수가 있다.

오는 것이 있으면 가는 것이 있는데, 이때 주거래은행 담당자(주로 부지점장)는 주거래은행 기여점수가 올라야 기업에 유리하다고 하면서, 급여 CMA계좌 개설이나 은행카드 발급과 같은 것을 요구하게 되는데, 기꺼이 협조를 하는 것이 서로에게 유리한 결과를 가져올 수 있다.

당구를 치다 보면 어쩔 수 없이 벽을 먼저 맞추고 공을 맞혀야 만하는 경우가 있다. 우리는 이것을 쿠션이라고 부른다.

기업이 직접 보증기관을 상대하다보면 물과 기름이 융합되지 않는 것처럼 껄끄러운 상황을 주거래은행의 협조와 도움을 통해 원만히 해결하는 것, 이것을 '쿠션 전략'이라고 한다.

욕심

욕심은 주체할 수 없는 무서운 에너지로
핵연료봉과 같습니다.

적절히 통제하고 관리할 수만 있다면
이것으로 인해 비약적인 발전과 성장을 거둘 수 있지만
관리시스템에 고장이 발생하는 순간
엄청난 방사능이 유출되고
그로 인해 많은 사람이 다치고 죽게 됩니다.

특히 조직에서는
물욕을 조심해야 합니다.

心見物生心 (이면) 平素溫順 (하여도)
뻔뻔之心 (이) 自動發生 (하니라)

가지 치기

아끼고 귀한
과실누일누록

가지 티기를 게을리
해서는 안 됩니다.

낭한 가지는
발견 듁니 달라내야 합니다.

낭한 가지는
꽃도 열매도 열리디 않을 뿐더러

넝한 가지도 낭하게
만들 누 있기 때문입니다.

정확성

열심히 일하는 사람이
절대 이길 수 없는 사람은

정확히 일하는 사람입니다.

매시간 진행하고 있는 일이
정확하게 처리되고 있는지

철저히 확인하고
또 확인해야 합니다.

이것이 본인과 조직을 위한
경쟁력임을 명심해야 합니다.

성공적인
기업R&D 지도사로 가는 길

코끼리 전략

10원짜리 동전을 10번 던지면 앞면이 7번, 심지어 8번 나오는 경우도 있다. 그렇다고 하여, "10원짜리 동전을 던지면 앞면이 항상 7~8번 나온다."라고 무슨 원리나 방법을 발견한 것처럼 타인에게 자랑하는 것은 어리석은 행동이다.

왜냐하면, 10번이 아니라 1천 번, 1만 번, 10만 번을 던지면 앞면과 뒷면은 각각 5:5의 비율로 수렴하기 때문이다. 이것이 통계학의 원리이고, 우리는 이것을 과학적이라고 부른다.

통계학의 원리는 정책자금에서도 적용된다. 특정 과제사업에 자신만의 방법으로 한두 번 성공한 것을 가지고, 마치 거기에 특별한 노하우나 방법이 있는 것처럼 이것을 부풀려 자랑하게 된다면, 간혹 '코끼리의 덫'에 빠지기 쉽다.

본인의 방법과 노하우는, 본인만 아는 것이 아니라 이것을 타인과 공유하며, 혹시 있을지도 모르는 오류를 지속적으로 줄여나가고 공통된 방법을 계속해서 발전시켜나가는 것이 바로 과학적인 접근방식이라 하겠다.

그럼에도 본인의 방법이 마치 절대적인 방법과 노하우인 것처럼 아직 한 번도 경험이 없는 이들을 대상으로 떠들고 다닌다면, 이것이야 말로 돌팔이의사이며, 이 때문에 더 큰 피해가 올 수도 있다.

정책자금과 이 지도활동에 있어서, 가장 경계해야 할 것이 바로, '속단'과 '편견'이다.

코끼리 앞에 눈을 가린 세 사람이 서 있다. 한 사람은 코끼리의 꼬리를 만져보며, "아~ 코끼리는 새끼줄처럼 가늘고 길다."라고 하자, 다음 사람은, 코끼리의 코를 만져보며, "아니야, 내가 만져보니 새끼줄보다는 굵어. 마치 긴 원통형 같아." 그러자 마지막 사람은, 코끼리의 귀를 만지며 "다 틀렸어. 코끼리는 긴 것이 아니라, 쟁반처럼 평평하고 넓어" 라고 한다.
흔하게 말하는 장님 코끼리 만지기의 오류다.

코끼리를 정확하게 파악하기 위해서는 우선 눈에 쓰고 있는 안대를 벗고, 전체를 보아야 한다. 그리고 각자의 경험을 서로 공유하여야 한다. 그래야 코끼리가 어떻게 생겼는지를 정확하게 파악할 수가 있고, 코끼리를 보지 못한 다른 사람에게도 정확한 정보가 전달될 수 있다.

KOTERA에서는 오랜 기간 집단지성이라고 할 수 있는 전문위원단을 통해 전문위원들 각자의 경험을 서로 공유하고 있으며 이렇게 공유한 경험과 지식은 다시 해를 거듭하는 동안 오류의 잔가지를 제거해 더욱 진화된 전략과 방법, 노하우를 쌓아 나가고 있다.
이것이 바로 과학적 사고에서 출발하여, '속단'과 '편견'을 버리고 올바른 정보와 노하우를 함께 공유하고자 하는 '코끼리 전략'이라 하겠다.

업무량

물리학에 있어서
운동량(p) = 무게(m)×속도(v)입니다.

여기서 속도(v)=이동거리÷소요시간이므로
운동량은 무게에 이동거리를 곱한 다음
소요시간으로 나눈 값입니다.

여기서 이동한 거리의 값이 0이라면
운동량 역시 0이 됩니다.

본인의 업무량이 얼마나 되는지를 알고자 한다면
본인이 수행해야 할 업무의 무게(가중치)에
본인이 수행한 업무성과를 곱하고
그 성과까지에 걸린 시간을 나눈 값이
바로 본인의 업무량이 됩니다.

회사는 그 업무량에 따라
정당한 보상을 해 주어야 마땅합니다.

그런데 여기서 반드시 알아야 할 사실은
본인이 수행한 업무성과가 0이라면
본인의 업무량 또한 0이 됩니다.

생산성

냉난공정 라인에 앉아 컨베이어벨트에서 작업하는 사람도
본인의 다음 공정이 무언인지 생각하며 일합니다.

하물며 사무실에 앉아 일하는 사람이 앞뒤를 재보지도 않고
결과를 예측하지도 않고 일한다는 건은 상상할 수도 없습니다.

그러나 본인 앞에 켜진 붉은 알람신호도 보지 못한 채
여전히 아무런 생각 없이 비생난적인 일에 최선을 다하는
풍전등화와 같은 무개념 사원들이 조직에 있습니다.

업무의 가중치를 다시 재설정하고
이 가중치에 따라 업무순서를 다시 정해야 합니다.

시간 때우는 하루가 아니라 무언가를 만들어내는
생난적인 하루가 되어야 합니다.

하루

조직과 나에게 주어진 하루는
그냥 때우기 위하거나
오늘도 무사히 보내기 위해
그렇게 주어진 시간이 아닙니다.

비록 길지 않은 시간이지만
충분하지 않은 시간이지만
무언가를 만들고 이루어낼 수 있도록
주어진 하루임을 잊어서는 안 됩니다.

아무것도 이루어낸 것도
만들어낸 것도 없이
퇴근하는 그 발걸음을
스스로에게 미안하게 생각해야 하며

무언가 작은 것 하나라도
만들어 낸 성과가 있는 하루에 대해서는
스스로 따뜻할 수 있어야 합니다.
머지않아 그렇게 쌓인 성과는
반드시 나에게 큰 보답을 하게 됩니다.

정책자금 출구전략

무담보·무이자·무상환 지원조건의 정부출연금 또는 국가(지자체) 보조금의 가짓수는 무려 2,200개나 되고, 이것을 전담하고 있는 전담기관 역시 440여 개에 달한다.

따라서 이렇게 많은 정부지원사업을 일일이 다 공부한다는 것은 사실상 불가능한 일이고, 공부를 다 한다고 해도 있던 사업이 없어지거나 매년 새로운 사업이 나오기 때문에 의미가 없다.

송유관이 파괴돼 기름이 새거나 상하수도 관에서 물이 새고 있다고 해보자. 새어 나온 기름과 물을 처리하는 것도 물론 중요하지만 더 이상의 기름과 물이 유출되지 않도록 흘러나오는 지점을 봉인하는 작업이 무엇보다 더 중요하다.

바로 이처럼 출구에서 문제를 해결하는 전략을 우리는 '출구전략'이라고 부르고 있으며, 정부지원금을 지원사업의 형태로 만들어 공고하는 전담기관을 중심으로 각종 정부(지자체) 지원사업을 파악하는 전략을 협회에서는 '정책자금 출구전략'이라고 부르고 있다.

이번 챕터에서는, 이러한 전담기관 중에서 대표적인 3개 기관에 대해 간단히 소개하고자 한다.

한국산업기술평가관리원(KEIT)

첫 번째 맏형은 한국산업기술평가관리원이다. 보통 KEIT로 표기한다. 이렇게 약자로 전담기관을 외우는 것이 효과적인 이유는, 약자 뒤에 "or.kr" 또는 "re.kr"을 붙이면 해당 전담기관의 홈페이지로 바로 이동할 수 있기 때문이다.

3조 원에 달하는 산업통상자원부의 R&D과제 중에서 무려 60%에 달하는 사업을 전담하고 있는 KEIT는 말 그대로 산업기술과 관련된 정부지원사업을 전담하고 있는 기관이다. 그 주테마는 '창의산업', '시스템산업', '소재산업'이며, 올해는 이와 관련된 90여 개의 사업을 전담하고 있다.

한국산업기술진흥원(KIAT)

두 번째는 KIAT로, 한국산업기술진흥원이다. 역시 산업통상자원부의 전담기관으로, 지역균등발전과 지역 인프라 구축과 관련한 R&D과제의 전담기관 역할을 수행하고 있으며, 2019년부터는 중기부의 일부 R&D사업의 전담기관 역할도 함께 수행하고 있다. 그 예산규모는 거의 맏형인 '산기평'과 맞먹을 정도다.

중소기업기술정보진흥원(TIPA)

마지막으로 소개하는 전담기관은 TIPA이다. 중소기업기술정보진흥원이라는 곳으로, 1998년도에 준정부기관으로 지정을 받은 재단법인이다.

동 재단법인의 출자자 구성을 살펴보면, 국내 시중은행들과 몇몇 IT 회사도 있고 개중에는 여행사도 있다. 이곳이 현재는 중기부의 거의 모든 R&D지원사업을 전담하는 전담기관으로 크게 성장하게 된 것이다.

중기부의 십여 개 R&D지원사업에서 무려 80% 이상 사업의 전담기관을 TIPA에서 맡아 수행하고 있다.

이외에도 KETEP(에기평), NIAP(정보통신산업진흥원), IITP(정보통신기획평가원), IPET(농림수산식품기술기획평가원), KIMST(한국해양과학기술진흥원) 등 많은 전담기관이 해당 전담기관의 특성에 맞는 정부지원사업을 매년 기획하여 공고하고 있는데, 지방의 ○○진흥원과 지역 테크노파크를 제외한 전국 단위의 중앙 전담기관은 40여 개 정도에 불과하다.

엄마는 야심차게 아이의 "뭔가 배울 수 있는 실수들은 가능하면 일찍 저질러 보는 것이 이득이다."

R&D과제의 선택은 기업의 업종이나 아이템에 따라 하는 것이 아니다

Q : "우리 회사는 건강식품 관련 회사인데, 이에 맞는 R&D과제가 있을까요?" "우리 회사는 항공산업 관련 아이템이 있는데, 이에 맞는 R&D과제가 있을까요?"

A : 여기에는 심각한 오해가 있다. 즉 정부R&D 과제가 기업의 업종이나 아이템에 따라 있다고 판단한 것이며, 그래서 업종이나 아이템에 따라 R&D과제를 신청해야 한다고 속단하고 있는 것이다.

그러나 진실은 그러하지 않다. R&D 아이템은 정부의 기술 로드맵에 의하여 정해지는 것이며, R&D 과제는 기업의 성장단계와 여건에 고려하여 정책적으로 소관부처가 정하는 것이다.

정부의 기술 로드맵은 기업들의 업종이나 아이템을 고려하기보다는 국가정책적으로 부양과 지원이 필요하다고 판단해 그 로드맵이 정해지는 것이고, R&D과제에 참여하고자 하는 기업은 이러한 기술 로드맵에 맞는 아이템으로 R&D과제에 신청하도록 권유를 받는 것이다.

방문만 열고 나가면 바로 노선버스를 탈 수 있도록 우리 집 앞마당이 버스 정류장이면 얼마나 편리하겠는가? 그러나 노선버스를 타기 위해서는 수고스럽지만 사거리 버스정류장까지 걸어 나가야 한다.

이렇게 공공의 서비스는 개개인의 편익을 고려하는 것이 아니라 공공을 위해 개개인의 협조가 필요한 것이다.

R&D과제도 마찬가지다. 개별 기업의 사정을 돌보아 정부에서 개별기업의 업종에 맞는 지원사업을 만들고, 기업의 개별 아이템에 맞는 R&D과제를

만드는 것이 아니다. 정부의 방향에 맞춰 R&D지원을 받고자 한다면 기술 로드맵에 있는 아이템을 준비하여 따라오라는 것이다.

이렇게 기술 로드맵에 있는 R&D 아이템을 찾았다면, 기업의 성장단계를 고려하여 이에 맞는 R&D과제에 신청하면 된다. 즉 아이템에 맞는 R&D과제가 아니라 성장단계에 맞는 R&D과제를 선택해야 한다는 것이다.

정부에서는 R&D 아이템을 기술 로드맵에 의해 추천한다고 말했는데, 중소벤처기업부를 예로 들자면, R&D과제는 아이템에 따라 정해지는 것이 아니라 기업의 성장단계에 따라 정해진다고 볼 수 있다. 즉 초기단계/도약단계/성숙단계 및 기업의 조건에 따라 이에 맞는 R&D과제를 추천하는 방식이다.

초기단계에 맞는 정부R&D과제를 구체적으로 예로 들자면, 창업성장 기술개발 디딤돌창업 과제, 기술혁신개발 시장대응형 과제 등이 있으며 도약단계에 맞는 정부R&D과제는, 창업성장기술개발 전략형창업 과제, 기술혁신개발 시장확대형 과제 등이 있으며 성숙단계에 맞는 정부R&D과제는, 창업성장기술개발 민관공동 창업자 발굴육성(TIPS) 과제, 기술혁신개발 수출지향형 과제 등이 있는데, 단계가 오를수록 지원 금액이 점차 증가하는 방식이다.

한편, 이 외에도 구매 조건의 수요처를 확보하고 있는 경우에는 전주기에 걸쳐 구매조건부신제품개발사업이 있으며 공장을 보유하고 있는 경우에는 공정품질기술개발사업 등이 있으며 본사나 공장이 지방에 있는 경우에는 지역특화산업육성R&D과제 등이 있다.

이렇게 기업이 보유하고 있는 특정 아이템이나 기업의 업종에 따라 R&D과제가 존재하고 이에 맞는 R&D과제를 골라 선택하는 것이 아니라 현재 기업의 성장단계와 지원사업에서 요구하는 기업의 여건에 따라 R&D과제를 찾아야 한다는 것이다. 그렇기 때문에, 현재 기업의 업종이나 아이템에 맞는 R&D과제만을 찾는다면 그러한 과제는 만나기도 힘들 뿐더러 막상 만난다고 해도 기업의 성장단계와 여건에 맞지 않아 그림의 떡이 될 수도 있다. 따라서 R&D과제를 위해 먼저 고려해야 할 것은 기업에서 보유한 R&D 아이템이 정부에서 추천하는 기술 로드맵에 있는 아이템인지 여부를 확인해야 하고 이에 부합하다면 기업의 성장단계와 기업의 여건에 따라 R&D과제를 선택하여 신청해야 한다는 것이다. 즉 기업에 지원사업을 맞추는 것이 아니라 지원사업에 기업을 맞춰야 한다는 것이다.

IPM(정실미) 전략

가두리는 바깥쪽, 가장자리를 뜻하는 '가'와 '두르다'가 합쳐진 말로, 통상 어떤 물체 외부를 휘두른 언저리를 이르는 말이다. 물그릇을 예로 들면, 물을 마실 때 아랫입술이 닿는 부분을 가두리라고 할 수 있다.

한편 가두리라는 말이 이보다 더 큰 뜻으로 쓰이기도 하는데, 요즘 바닷가에 가면 볼 수 있는 '가두리 양식장'이다. 본디 바다에서 자유롭게 살던 물고기를 울타리를 쳐서 가두어 양식하는 시설을 말한다.

IMP 전략에서는 정책자금을 다루는 컨설턴트들이 내가 앞으로 상담하게 될 예비기업들을 가두리에 가두게 되는 것을 의미한다.

충분히 자라지 않은 가두리 양식장의 고기가 다 자라지도 않은 상태에서 출하할 수 없듯이 주기적으로 사료를 주어 원하는 크기로 키우고 보살피는 과정이 필요하다.

이때 가두리 양식에서 물고기에게 사료를 공급하는 것처럼 예비 멘티기업들에게 필요한 사료가 있다. 이 사료의 이름이 바로 IPM이다.

IPM의 'I'는 Information의 머릿글자를 말한다. 정보의 '정'이다.

아직 가두리 양식장에 있는 예비 멘티기업들이 필요로 하는 기초사료에 해당되는 정책자금 관련 정보라 하겠다. 이러한 정보는 '정실미' 카페를 통해 취득할 수 있으며 다양한 메뉴에 있는 정책자금 관련정보를 매일 또는 일주일 단위로 이메일이나 SNS를 통해 전달해 주면 된다.

절대로 조급하게 계약을 종용하는 것은 옳지 않다. 준비한 정보는 하나지만 가두리 양식장에 있는 많은 멘티기업들에게 이 정보가 전달된다. 기초 1단계 사료인 I(정)에 반응하는 데에는 몇 주 또는 몇 달이 걸릴 수 있지만 절대로 사료 공급을 중단해서는 안 된다.

이러한 과정 속에서 반드시 이에 반응하여 2단계 사료를 요구하는 멘티기업이 분명히 있다. 특정 정책자금 관련 정보에 반응하여 보다 구체적인 정보를 원하는 예비 멘티기업이 있으면 P(실)를 공급해야 한다.

IPM의 'P'는 정실미의 '실'에 해당되는 것으로 'Process(실무절차)'의 머릿 글자이다.

예를 들어, 기업부설연구소나 벤처기업확인과 관련한 추가정보가 필요하다, 어떻게 어디서 신청을 할 수 있으며, 그 절차는 어떻게 되는지 구체적인 정보의 전달이 필요하다.

그리고 이때 반드시 혼자서 진행하는 것이 어렵다면, 비록 기업부담금이 있기는 하지만 반드시 이러한 도움을 줄 수 있는 곳, 효과가 확실한 협회 전문위원단 지원사업을 추천할 수 있다.

길을 알려주는 방법에서는 약도를 그려주는 방법과 직접 동행하면서 내비게이션의 역할을 수행하는 방법이 있는데, 약도가 무상 지원사업이라면 내비게이션은 유상 지원사업에 해당한다.

시간의 가치가 점차 비중이 커지고 있는 오늘날에는 혼자의 힘으로 전전긍

긍하며 약도를 보며 길을 찾는 것보다 비록 금전적인 부담이 있더라도 목적지에 도달하기까지 시간을 단축하는 방법을 택하는 경우가 많다.

그래서 자연스럽게 기업R&D 지도사에게 내비게이션이 되어 줄 것을 요청하는 예비 멘티기업이 있다면 3단계 사료인 M(미)를 공급하면 된다.

3단계 절차인 M(미)은 기업R&D 지도사가 멘티기업에 대해 가지고 있는 'Mind(아름다운 마음)'라고 하겠다. 즉 "나는 네가 잘되었으면 좋겠어. 내가 네게 도움이 될 수 있길 바래." 라고 하는 선량하고 아름다운 마음이 멘티기업에게 전달되어야 한다.

마음의 중심을 정하는 정심定心이 올바르게 실행되도록 하는 마지막 단계의 사료가 M(미)이다.

이러한 마음을 서로 확인한 상태에서 예비 멘티기업은 예비라는 겉옷을 벗고 멘티기업으로 당당하고 자연스럽게 컨설팅 계약을 체결하는 것이다.

오늘 가두리 양식장에 풀어놓은 치어를 내일 당장 출하할 수 없듯이 언젠가는 토실토실하게 살이 오른 건강한 물고기로 출하할 수 있는 그날을 생각하며 매일 매일을 즐겁고 기꺼운 마음으로 IPM(정실미) 사료를 주도록 해야 한다.

모든 업종이 벤처기업 50%의 법인세(종합소득세)
세액감면 혜택을 받는 것이 아니다

Q: "우리 회사는 도소매업종의 법인인데 벤처기업이 되면 50% 법인세 감면을 받을 수 있나요?"

A: 모든 업종이 50%의 벤처기업 세액감면혜택 적용을 받는 것이 아니다.

결론부터 말하자면, 아직 업력이 3년을 경과하지 않았다면 도소매업종이라도 창업했던 당시에 '통신판매업'을 함께 신고하였다면 세액감면 혜택을 받을 수 있으나 통신판매업을 신고하지 않고 도소매업종으로만 3년 이상 계속 영위하고 있는 경우에는 세액감면 대상에서 제외된다.

한편, 조세특례제한법 제6조(창업중소기업 등에 대한 세액감면)에서는 벤처기업 세액감면(법인세(종합소득세)의 50%)을 받을 수 있는 업종을 18개로 한정하고 있다.

아래의 18개 업종을 알아보기 전에, 먼저 확인하여야 할 사항은 다음과 같다.

① 회사 설립 후 반드시 3년 이내에 수도권과밀억제권역 내에서 벤처기업 확인을 받은 창업중소기업에 또는 청년창업중소기업에 해당해야 50%의 세액감면 혜택을 적용받을 수 있다는 점

② 수도권과밀억제권역 외의 지역에서 최근 3년 이내에 창업한 창업중소기업은 이미 세액감면(50%) 혜택을 받고 있다는 점 (이때, 최근 3년 이내에 창업한 청년창업중소기업은 100%의 세액감면 혜택이 적용된다.)

③ 수도권과밀억제권역의 범위는 서울특별시, 인천광역시(일부지역 제외), 경기도 의정부시, 구리시, 남양주시, 하남시, 고양시, 수원시, 성남시, 안양

시, 부천시, 광명시, 과천시, 의왕시, 군포시, 시흥시(일부지역 제외) 라는 점(그 외 지역은 수도권과밀억제권역 외로 분류된다.)

즉 수도권과밀억제권역 외에서는 굳이 벤처기업확인을 받지 않더라도 최근 3년 이내에 창업한 기업이면서 아래 업종에 해당되면 50%의 법인세(종합소득세) 50%의 세액감면 혜택을 받고 있는 것이므로, 세액감면이 벤처기업 혜택의 전부가 아니라는 점을 염두에 두어야 한다.

그럼 법인세(종합소득세) 50%의 세액감면을 받을 수 있는 업종을 알아보자.

아래는 조세특례제한법 제6조(창업중소기업 등에 대한 세액감면)의 3항의 내용이다. (시행 2022. 4.20.)

③ 창업중소기업과 창업벤처중소기업의 범위는 다음 각 호의 업종을 경영하는 중소기업으로 한다.

1. 광업,

2. 제조업(제조업과 유사한 사업으로서 대통령령으로 정하는 사업을 포함한다. 이하 같다.)

3. 수도, 하수 및 폐기물 처리, 원료 재생업

4. 건설업

5. 통신판매업

6. 대통령령으로 정하는 물류산업(이하 "물류산업"이라 한다)

7. 음식점업

8. 정보통신업. 다만, 다음 각 목의 어느 하나에 해당하는 업종은 제외한다.

비디오물 감상실 운영업, 뉴스제공업, 블록체인 기반 암호화자산 매매 및 중개업

9. 금융 및 보험업 중 대통령령으로 정하는 정보통신을 활용하여 금융서비스를 제공하는 업종

10. 전문, 과학 및 기술 서비스업[대통령령으로 정하는 엔지니어링사업(이하 "엔지니어링사업"이라 한다.)을 포함한다]. 다만, 다음 각 목의 어느 하나에 해당하는 업종은 제외한다.

변호사업, 변리사업, 법무사업, 공인회계사업, 세무사업, 수의업, 「행정사법」 제14조

에 따라 설치된 사무소를 운영하는 사업, 「건축사법」 제23조에 따라 신고된 건축사사무소를 운영하는 사업

11. 사업시설 관리, 사업 지원 및 임대 서비스업 중 다음 각 목의 어느 하나에 해당하는 업종

사업시설 관리 및 조경 서비스업, 사업 지원 서비스업(고용 알선업 및 인력 공급업은 농업노동자 공급업을 포함한다.)

12. 사회복지 서비스업

13. 예술, 스포츠 및 여가관련 서비스업. 다만, 다음 각 목의 어느 하나에 해당하는 업종은 제외한다.

자영예술가, 오락장 운영업, 수상오락 서비스업, 사행시설 관리 및 운영업. 그 외 기타 오락 관련 서비스업

14. 협회 및 단체, 수리 및 기타 개인 서비스업 중 다음 각 목의 어느 하나에 해당하는 업종

개인 및 소비용품 수리업, 이용 및 미용업

15. 「학원의 설립·운영 및 과외교습에 관한 법률」에 따른 직업기술 분야를 교습하는 학원을 운영하는 사업 또는 「국민 평생 직업능력 개발법」에 따른 직업능력개발훈련시설을 운영하는 사업(직업능력개발훈련을 주된 사업으로 하는 경우로 한정한다)

16. 「관광진흥법」에 따른 관광숙박업, 국제회의업, 유원시설업 및 대통령령으로 정하는 관광객 이용시설업

17. 「노인복지법」에 따른 노인복지시설을 운영하는 사업

18. 「전시산업발전법」에 따른 전시산업

여기서 확인할 수 있듯이 '도소매업종'이나 '숙박업' 등은 벤처기업 확인은 받을 수 있으나 세액감면 혜택에는 해당되지 않는다. (단, 주업종이 도소매업종이라도 창업당시부터 통신판매업을 영위하고 있는 경우라면 세액감면의 대상에 해당된다.)

1/n 전략과 풀빵 전략

첫 아기가 태어나면 초보 부모는 모든 사랑과 관심을 첫째에게 쏟아 붓는다. 무리를 해서라도 각종 유아용품과 장난감을 사 주고 세상에서 가장 특별한 아이로 키우고자 모든 정성을 쏟는다.

그러다가 둘째가 태어나면 그 정성과 사랑이 둘째에게도 분산되기 마련이다. 또 그러다가 셋째가 태어나면 그만큼 또 어쩔 수 없는 분산이 된다. 즉 첫째 아기에게만 모든 것을 쏟아 부으려 했던 초심이 둘째와 셋째에게도 분산이되는 것은 어쩔 수가 없다.

이렇듯 첫 멘티기업을 케어 하는 초보 기업R&D 지도사에게 첫 번째 멘티기업은 첫 아기의 탄생과도 같다. 모든 열정을 쏟아 부으며 온갖 정성으로 멘티기업을 케어 하게 된다.

하지만 정성과 기대가 크면 오히려 이것이 멘티기업에게는 부담이 되고, 작은 실망과 무반응에도 그 기대와 정성이 큰 만큼 전문위원의 낙심과 상처가 크다. 오히려 과유불급한 현상이 종종 발생하기도 한다.

본인들이 아쉬워서 멘토를 찾고 도움을 청해야 하는 것이 지극히 정상적임에도 불구하고, 멘토의 친절과 관심을 오히려 지극히 당연한 것으로 생각하며, 오히려 전문위원의 과잉 케어에 부담을 느끼기도 한다.

바로 이때 필요한 것이 "1/n 전략"이다. 비록 지금은 둘째, 셋째가 태어나지 않았지만 다른 멘티기업이 있기 때문에 전담 전문위원의 관심과 배려가 어쩔 수 없이 분산될 수밖에 없다고 하는 안타까움이 멘티기업에 전달되어야 한다. 그렇기 때문에 관심을 주고 케어 하는 그 순간을 아쉬워하고 좀 더 많은 관심과 도움을 받으려고 멘티기업이 스스로 노력하게 하고 끌려오도록 만들어야 한다.

첫째와 둘째는 항상 막내에게 분산 되는 부모의 관심을 아쉬워하며 자신에게도 예전에 부모가 주었던 관심을 좀 더 받고자 행동하게 된다. 멘티기업으로 하여금 지도활동에 귀를 기울이게 하고 더 많은 관심과 도움을 받고자 하는 상태로 유지하는 것이 바로 멘토(전담 전문위원)의 기술이라 하겠다.

한편, 멘토와 멘티 관계의 협약을 체결하기 전 단계에서는 많은 멘티기업을 만나게 된다. 이때는 아직 본격적인 연애를 시작하기 전단계인 '썸'을 타는 관계와도 비견될 수 있다.

오히려 많은 여성과의 염문이 있는 일명 카사노바가 여성들에게 인기가 많은 것처럼, "너 말고도 다른 사람이 있다."라는 것을 상대가 인지하도록 하는 것이 중요하다. 내가 더 많이 아쉬워하고, 내가 더 상대를 필요로 한다는 모습을 전략적으로 감출 필요가 있다. 바로 이러한 단계(즉 협약 이전의 단계)에서 사용되는 전략이 '풀빵전략'이다.

풀빵 만드는 기계를 본 적이 있는가? 여러 개의 풀빵 틀이 컨베이어로 돌아가도록 설계가 되어 있고, 하나의 풀빵 틀이 한 번에 풀빵을 만들어 내는 것이 아니라 밑반죽을 깔고 덮개를 닫고 돌려서 다음 풀빵 틀의 덮개를 돌리고… 하는 작업을 계속해서 반복하게 된다. 그러다가 단팥이 있는 틀을 만나면 윗 반죽을 넣고 컨베이어를 돌려가며 이러한 작업을 반복하게 되는 것이다.

풀빵이 완성되면 그때에도 바로 바구니에 담지 않고, 틀을 180도로 뒤집어 골고루 풀빵이 구워지도록 하고, 다시 옆의 틀도 상하를 바꾸어 돌리고 그 옆의 틀도 이렇게 뒤집는 작업을 반복하게 된다. 그리고 충분히 노릇노릇하게 잘 구워진 풀빵을 하나 하나씩 바구니에 담게 되고, 비워진 틀에는 다시 밑 반죽을 깔고 덮개를 닫고 컨베이어를 돌리게 된다.

결론적으로, 절대로 조급하게 컨베이어를 고정한 상태에서 하나의 풀빵 틀에서 모든 공정을 한 번에 실행하지 않는다는 것이다.

멘토가 멘티기업을 대하는 태도 역시 마찬가지라 할 수 있다. 첫 만남부터 협약에 이르기 전까지 정책자금에 대한 모든 사항을 한 번에 전달하고 설득하고자 하면 안 된다는 의미다.

풀빵이 노릇노릇하게 잘 구워지기 위해서는 그 앞에 공정이 있는 것처럼 멘티기업들과의 더 많은 만남이 필요하고, 만남의 단계에서 조금씩 전진하는 요소 하나 하나를 제공하면 충분하다.

점진적인 만남의 단계를 지속적으로 진행하다보면 멘티기업 스스로 협약을 원하게 되고, 멘티기업이 원하는 협약을 통해 도움을 청해 오게 된다. 이렇게 되면 멘토가 상황을 주도하면서 심사를 통해 협약을 체결하게 된다. 이때부터는 다시 "1/n 전략"으로 멘티기업을 케어 한다.

옛 속담에 "쇠뿔도 단김에 빼라."라는 말이 있지만, 절대 멘토가 멘티보다 조급한 마음을 가져 협약을 종용하거나 협약한 이후에 모든 정성을 한꺼번에 쏟아 부으려고 해서는 안 된다. 과유불급이라는 사자성어처럼 지나친 것은 오히려 아니하는 것만 못하다는 것을 풀빵 전략과 1/n 전략을 통해 새삼 되새길 필요가 있겠다.

R&D과제를 신청할 때, 특허의 확보가 중요한 이유는 가점 때문이 아니다.

Q : "R&D과제를 신청할 때, 출원한 특허라도 있으면 심사에 도움이 된다는데 이것이 가점 때문인가요?"

A : 결론부터 말하자면, 출원한 특허든, 등록된 특허든 가점에는 아무런 상관이 없다.

왜냐하면, 아래 중기부 과제 가점 기준표를 보면, 특허와 관련된 사항은 없으며, 최대 가점 합계는 11점으로 추가 가점 증빙서류가 있어도 분야별 최대 가점을 초과할 수 없다.

분야	우대사항	가점	확인방법 (증빙서류)
소재부품장비 (최대 5점)	「소재·부품·장비 강소기업 100+」선정기업* 강소기업 100 전용 R&D 가점 미적용. 강소기업 100 전용 R&D 외 중기부 R&D 정부지원금 합계 40억 원까지 가점 적용	5점	전문기관 확인
	「소재·부품·장비 강소기업 100+」최종 단계 미선정기업	3점	전문기관 확인
벤처이노비즈 메인비즈 (최대 2점)	「K-유니콘 후보 200 프로그램」에 선정된 중소기업	1점	예비유니콘 인증서(유효기간 내 인증서에 한함)
	「벤처기업육성에 관한 특별조치법」제25조에 따른 벤처기업	1점	벤처기업 인증서(유효기간 내 인증서에 한함)
	「중소기업기술혁신 촉진법」제15조에 따른 기술혁신형 중소기업 (INNO-BIZ)	1점	기술혁신형 중소기업 (INNO-BIZ)인증서(유효기간 내 인증서에 한함)
	「중소기업기술혁신 촉진법」제15조의2에 따른 경영혁신형 중소기업 (MAIN-BIZ)	1점	경영혁신형중소기업인증서(MAIN-BIZ)(유효기간 내 인증서에 한함)
인력, 고용 (최대 2점)	「중소기업인력지원특별법」제18조의2에 따른 인재육성형 중소기업	1점	인재육성형 중소기업 지정서
	「여성기업지원에 관한 법률」제2조제1호에 따른 여성기업		여성기업 확인서
	「장애인기업활동 촉진법」제2조에 따른 장애인기업	1점	「장애인기업활동 촉진법」제2조 제2호의 각 목을 모두 만족하는 기업 (장애인등록증 확인 필)
	마이스터고등학교·특성화고등학교·중소기업인력양성대학(계약학과, 기술사관, 취업맞춤반)과 산학협약을 체결한 기업	1점	접수 마감일 기준 3년 이내 체결한 산학협약서
	과제 접수마감일 기준 6개월 전 시점 근로자 수를 기준으로 접수마감일 현재 근로자 수가 150% 이상인 중소기업(근로자 수 : 고용보험 피보험자 수 기준)	1점	월별 근로자 수 확인이 가능한 자료(고용보험 피보험자 수 확인 필요. 기업 제출)
	과제 접수마감일 기준 12개월 전 시점 근로자 수를 기준으로 접수마감일 현재 근로자 수가 110% 이상인 중소기업(근로자 수 : 고용보험 피보험자수 기준)	1점	월별 근로자 수 확인이 가능한 자료(고용보험 피보험자 수 확인 필요. 기업 제출)
	과제 접수마감일 기준 36개월 전 시점 근로자 수를 기준으로 접수마감일 현재 근로자 수에 대한 연평균성장률(CAGR)이 10% 이상인 중소기업(근로자수 : 고용보험 피보험자 수 기준)	1점	월별 근로자 수 확인이 가능한 자료(고용보험 피보험자 수 확인 필요. 기업 제출)

구분	평가지표	점	증빙서류
	최근 3년간 연도별 동종업계 평균임금 대비 10% 이상 높은 임금 수준을 유지한 중소기업* 최근 3년 : 2017년부터 2021년까지의 실적 중 기업이 3개년도를 선택하여 반영 가능* 동종업계 평균임금(연평균임금) : 고용노동부에서 시행하는 '고용형태별근로실태조사' 중 산업별 임금 및 근로시간 통계표 상의 월임금총액에 12를 곱하여 산출	1점	국세청에 제출한 원천징수이행상황 신고서(홈택스 발급)
기타 (최대 2점)	「중소기업 사업전환 촉진에 관한 특별법」 제8조에 따른 사업전환계획 승인기업 중 우수한 성과로 사업전환을 완료한 기업	1점	사업전환계획 승인 및 연계지원결정 통보서(중소벤처기업진흥공단 발행)
	기업활력법 승인기업/「중소기업 사업전환 촉진에 관한 특별법」 제8조에 따른 사업전환계획 승인기업	1점	사업재편 승인서/사업전환승인 및 연계지원 결정 통보서(중소벤처기업진흥공단발행)
	「중소기업진흥에 관한 법률」 제62조23에 따른 '중소기업특별지원지역' 내에 소재하고 있는 지역중소기업* 중소벤처기업부 고시에 해당되는 기업으로 접수마감일 기준 유효기간 내에 있는 기업** '22.1.28.부터 '지역중소기업 육성 및 촉진 등에 관한 법률」 시행으로 동법 제23조에 근거	1점	해당지역 내 지자체 및 산단공에서 발급한 산업단지 등 중소기업특별지원지역 입주확인서
기타 (최대 2점)	요령 제2조제27호에 따른 산업위기지역 소재 중소기업	1점	기술개발 수행 사업장 주소 확인이 가능한 서류(사업자등록증, 법인등기부등본 등)
	「중소기업진흥에 관한 법률」 제62조의4에 따른 명문장수기업	1점	명문장수기업 확인서
	「기술보호 선도 중소기업 육성프로그램」 참여기업 중 기술보호 역량 우수기업으로 지정된 중소기업	1점	전문기관 확인(대중소기업농어업협력재단)

그런데, 왜 R&D과제에 특허가 중요한 요소일까?

그 이유는, 처음부터 가점에 있는 것이 아니라 아래 중기부 서면평가표와 대면평가표에서 확인할 수 있는 바와 같이 기업에서 보유한 출원특허와 등록특허가 기술성과 기술개발역량 요소에 긍정적인 영향을 미칠 수 있기 때문에 출원이든 등록이든 특허의 확보가 중요한 평가지표라 할 수 있다.

구분	평가항목	평가지표	평점				
			탁월	우수	보통	미흡	불량
사업계획 세부검토	3. 기술성 항목	3-1 기술개발의 필요성 및 차별성	15	12	9	6	3
		3-2 기술개발 목표 및 개발방법, 개발기간의 적정성	15	12	9	6	3
		3-3 지식재산권 확보·회피 및 기술유출 방지대책의 적정성	10	8	6	4	2
	4. 사업성 항목	4-1 사업화 계획의 실현가능성	20	16	12	8	4
	기술개발역량	5-1 기업의 과제수행 역량·과제책임자, 참여연구원의 R&D수행 경험 및 수행역량 등	15	12	9	6	3
		5-2 연구윤리·사업비 부정사용 이력, 연구부정에 따른 참여제한 이력 등	5	4	3	2	1
	6. 파급효과	6-1 R&D의 경제적 파급효과	10	8	6	4	2
		6-2 R&D의 기술적 파급효과	5	4	3	2	1
	7.자금집행계획	7-1 자금집행계획의 적정성	5	4	3	2	1

이렇게 기업에서 다수의 특허를 확보하고 있다면, 서면평가 및 대면평가 전체 배점 중 25%의 비중에 해당하는 평가항목에서 유리한 입지를 점할 수 있는 것이며, 타 부처의 R&D과제도 이와 크게 다르지 않다.

구분	평가지표	평가요소	평점				
			탁월	우수	보통	미습	불량
기술성 (40)	창의·도전성 (15)	·기술개발 내용 및 목표의 도전성	15	12	9	6	3
	기술개발방법 구체성(15)	·기술개발 목표 및 개발방법, 개발기간의 적정성	15	12	9	6	3
	기술보호역량 및 지식재산권 확보방안(10)	·기술유출 방지, 기술보호 계획 및 지식재산권 확보· 회피 방안 적정성	10	8	6	4	2
사업성 (20)	사업화 계획 의 실현가능성 (20)	·제품화 및 양산, 판로개척계획의 구체성·사업화를 위한 후속투자계획의 충실성·기업성장성 및 재무 안전성 등 사업화역량	20	16	12	8	4
기술개발역량(20)		·기업의 과제수행 역량 (과제책임자, 참여연구원의 R&D수행 경험 및 수행역량 등)	15	12	9	6	3
		·연구윤리 (사업비 부정사용 이력, 연구부정에 따른 참여제한 이력 등)	5	4	3	2	1
파급효과(15)		·R&D의 경제적 파급효과	10	8	6	4	2
		·R&D의 기술적 파급효과	5	4	3	2	1
자금집행계획(5)		·자금집행계획의 적정성	5	4	3	2	1
합계			점				

비단, 25%의 요소에 영향을 미치는 것을 넘어 그 외 기술성과 관련된 다른 항목(기술의 차별성, 개발방법 등)에도 긍정적인 영향을 줄 수 있기 때문에 독자적인 특허의 확보가 중요한 것이다.

따라서 정량적 평가모델의 근간에 두고 있는 국내 R&D과제 평가기준에 있어서 기업의 특허 보유 여부와 보유한 특허의 갯수가 중요한 요소이므로 R&D과제를 준비하는 기업은 사전에 충분한 특허를 확보하는 것에 관심을 기울여야 할 것이다.

NTIS 활용 전략

KISTI로 잘 알려진 과기정통부 산하의 한국과학기술정보연구원에서 운영하는 국가과학기술지식정보서비스(http://www.ntis.go.kr/) 라는 사이트가 있다.

이 사이트는 정부R&D과제의 참여 연구원이라면 반드시 필요한 '과학기술인등록번호'를 발급해 주는 사이트로 잘 알려져 있는데, 이런 서비스 외에도 각종 논문과 특허, 동향보고서 등의 정보를 키워드로 조회해볼 수 있다. 특히 정부R&D과제에 있어서는 검색어(키워드)를 통한 검색 외에도, 기업명이나 대표자명 또는 과제책임자명만 입력하면 과거에 참여했던 정부R&D과제를 한눈에 다 검색해볼 수 있는 유용한 사이트다.

"우리 회사는 몇 억, 몇 십억 원짜리 정부R&D과제도 수행해본 이력이 있다."는 등으로 너스레를 뜨는 기업대표들을 종종 만나게 된다. 그 말이 사실인 경우도 있지만 앞에 앉아 있는 기업R&D 지도사의 기를 죽이기 위해 이런 말 저런 말 나오는 대로 읊어대는 기업 대표도 생각보다 많다.

따라서 이럴 때에는 조용히 잠시 화장실을 다녀오겠다고 한 뒤에 화장실에서 스마트폰을 통해 NTIS.go.kr로 접속해 해당 기업을 검색을 해보면 된다.

만일, 과거의 과제참여 이력이 없거나 변변찮은 과제가 나온다면, 이번에는 대표자의 이름 석 자로도 검색을 해보면 된다. 그러면, 과거에 수행했던 정부

R&D과제들이 연도 및 지원금액과 함께 심지어는 간단한 초록과 함께 화면에 결과로 일목요연하게 나타난다.

이때 이 화면을 그대로 들고 다시 자리로 돌아와 앞에서 했던 이야기를 계속 이어나간다. 여전히 터무니없는 허풍이 계속되면서 기업 대표의 컨설턴트 기죽이기 공격이 계속된다면, 그때는 과감하게 "대표님, 제가 직접 알아보니, 대표님의 기업은 과거 몇 년도와 몇 년도에 1억 원짜리 중기청 과제에 참여한 이력만 있을 뿐 아까 말씀하신 10억 원짜리 사업은 조회가 되지 않는데 어떻게 된 것인가요?"라고 말하는 순간… 그 기업대표는, 할 말을 잃을 수밖에 없다. 감히 허풍이나 너스레를 떨어 기를 죽일 대상이 아니라는 것을 그제야 알게 되는 것이다.

이때 기업R&D 지도사는 말을 이어 나간다. "최근 3년 동안에는 정부R&D 과제를 수행한 이력이 단 한 건도 없는데, 혹시 기업의 핵심 연구인력 구성에 변동사항이 생긴 것인가요?"라고 묻는 순간, 그나마 드러내 놓았던 꼬리마저 얼른 아래로 감추게 된다.

이때부터는, 협상의 모든 주도권이 기업R&D 지도사에게로 넘어오고, 지도사의 말 한마디 한마디에 온순한 양이 되어 귀를 쫑긋 세워 어린아이로 돌아간 것처럼 경청을 하게 된다.

모든 협상의 테이블에서 반드시 기선제압을 할 필요는 없지만 필요 이상으로 상대가 기업R&D 지도사에게 허풍이나 허세로 기를 죽이려고 한다면, 바로 이러한 NTIS를 활용한 전략이 효과를 거둘 때가 있다.

이것을 우리 전문위원단에서는 NTIS 활용 전략이라고 부른다. KISTI는 기억하지 못하더라도 NTIS는 유용하게 써먹을 곳이 많으므로 반드시 기억해 둬야 한다.

중기부 구매조건부신제품개발 과제에서 구매계약이 이행되지 않았다고 하여
지원금을 환수 당하지는 않는다.

Q : "중기부의 구매조건부신제품개발사업에서 구매계약을 이행하지 않을
경우에는 이미 지원받은 지원금액을 전액 환수 당할 수도 있나요?"

A : 결론부터 말하자면, 중기부를 비롯한 국내 모든 부처의 R&D과제는 '
국가연구개발혁신법' 및 동법 시행령에 따라 처리되는데, 환수금의 결정은
부정행위에 대한 제재처분이 확정되었을 때 정부지원연구개발비를 환수할
수 있도록 규정하고 있다. 즉 구매조건부의 구매계약의 이행 여부와 연구개
발비의 환수 조치는 별개의 문제다.

구매계약이 이행되지 않았다고 하여 연구개발비를 환수 당하는 것이 아
니며, 구매계약이 이행되었다고 하더라도 부정행위가 있으면 연구개발비를
환수당할 수도 있다는 것이다.

이를 확인하기 위해 우리는 다음 사항을 통해 사실 관계를 확인할 필요
가 있다.

① 중소기업기술개발지원사업 운영요령
② 국가연구개발혁신법
③ 국가연구개발혁신법 시행령

먼저, '중소기업기술개발지원사업 운영요령'(중소벤처기업부 고시 제2022-30
호 기준)에 따르면 제2조(용어의 정의)에서, '환수금'에 대한 정의를 아래와 같
이 하고 있다.

중소기업기술개발지원사업 운영요령' [중소벤처기업부 고시 제2022-30호,개정 2022.04.26.]

제2조(용어의 정의) 이 요령에서 사용하는 용어의 정의는 다음 각 호와 같다.~중략~19. "환수금"이란 혁신법 제32조제3항 및 동법 시행령 제59조제3항에 따라 제재부가금과 별개로 사용용도와 사용기준을 위반하여 연구비를 사용한 경우 해당 연구개발기관을 대상으로 지급된 정부지원연구개발비에 대하여 환수가 결정된 금액을 말한다.

여기에서 확인해 보면, 중기부의 R&D과제라고 하여도 그 환수규정은 혁신법(국가연구개발혁신법)의 기준에 따라 처리되고 있음을 확인할 수 있다.

그렇다면, 위에서 언급된 국가연구개발혁신법(줄여서 '혁신법') 시행령 제59조3항의 내용을 확인해볼 필요가 있다.

국가연구개발혁신법 시행령 [시행 2022. 6. 29.] [대통령령 제32508호, 2022. 2. 28., 일부개정]

제59조(부정행위 등에 대한 제재처분) ~중략~③ 중앙행정기관의 장은 연구개발기관이 사용용도와 사용기준을 위반하여 연구개발비를 사용한 경우 해당 연구개발기관을 대상으로 법 제32조제3항에 따라 정부지원연구개발비 중 사용용도와 사용기준을 위반하여 사용한 정부지원연구개발비 금액만큼 환수(이하 "연구개발비환수"라 한다)할 수 있다.

국가연구개발혁신법[시행 2022. 12. 11.]
[법률 제18864호, 2022. 6. 10., 일부개정]제32조(부정행위 등에 대한 제재처분)

① 중앙행정기관의 장은 다음 각 호의 어느 하나에 해당하는 경우에는 해당 연구개발기관, 연구책임자, 연구자, 연구지원인력 또는 연구개발기관 소속 임직원에 대하여 10년 이내의 범위에서 국가연구개발활동(연구지원은 제외한다)에 대한 참여를 제한하거나 이미 지급한 정부 연구개발비의 5배의 범위에서 제재부가금을 부과할 수 있다.1. 제12조제2항에 따른 평가 결과 연구개발과제의 수행과정과 결과가 극히 불량한 경우2. 연구자 또는 연구개발기관이 이 법 또는 협약에 따른 의무를 고의로 이행하지 아니하여 제15조제1항에 따라 연구개발과제가 변경 또는 중단된 경우3. 연구자 또는 연구개발기관이 제31조제1항 각 호의 어느 하나에 해당하는 부정행위를 한 경우4. 연구자 또는 연구개발기관이 정당한 사유 없이 연구개발과제의 수행을 포기한 경우5. 연구개발기관이 정당한 사유 없이 제18조제2항에 따른 기술료의 일부 또는 수익의 일부를 납부하지 아니한 경우6. 연구개발기관이 정당한 사유 없이 제13조제7항에 따른 연구개발비 회수 금액을 납부하지 아니한 경우
② 제1항에 따른 참여제한 처분이나 제재부가금 부과처분은 병과할 수 있다.
③ 중앙행정기관의 장은 제1항 및 제2항에 따른 제재처분과 별도로 이미 지급한 정부 연구개발비 중 제재사유와 관련된 연구개발비를 환수할 수 있다.

여기에서 보면 '국가연구개발혁신법' 제32조 제3항에 따라 정부지원연구개발비를 환수할 수 있다고 명시되어 있는데, 3항을 보면, 제1항 및 제2항의 제재사유와 관련된 연구개발비를 환수할 수 있다고 규정하고 있다. 즉 제재사유에 해당되어야 연구개발비의 환수 조치가 있음을 알 수 있는데, 상기 6개의 제재사유에 해당되느냐 안 되느냐가 중요한 관건이다.

그런데 이 제재사유에서 보면 '제31조 제1항 각 호의 어느 하나에 해당하는 부정행위'를 한 경우도 제재사유에 포함된다고 나와 있는데, 마지막으로 동법 '제31조 제1항'을 살펴볼 필요가 있다.

> **국가연구개발혁신법 시행령** [시행 2022. 6. 29.] [대통령령 제32508호, 2022. 2. 28., 일부개정]
>
> 제31조 (국가연구개발사업 관련 부정행위의 금지)
> ① 개발사업 관련 부정행위(이하 "부정행위"라 한다)를 하여서는 아니 된다.
>   1. 연구개발자료 또는 연구개발성과를 위조·변조·표절하거나 저자를 부당하게 표시하는 행위
>   2. 제13조제3항에 따른 연구개발비의 사용용도와 제13조제4항에 따른 연구개발비 사용 기준을 위반한 행위
>   3. 제16조제1항부터 제3항까지의 규정을 위반하여 연구개발성과를 소유하거나 3자에게 소유하게 한 행위
>   4. 제21조제1항에 따른 보안대책을 위반하거나 제21조제2항에 따라 보안과제로 분류된 연구개발과제의 보안사항을 누설하거나 유출하는 행위
>   5. 거짓이나 그 밖의 부정한 방법으로 연구개발과제를 신청하거나 이를 수행하는 행위6. 그밖에 국가연구개발 활동의 건전성을 저해하는 행위로서 대통령령으로 정하는 행위.

여기에서 보면, '거짓이나 그 밖의 부정한 방법'을 동원하여 연구개발과제에 신청하는 행위도 '부정행위'로 규정하고 있는데, 중기부 구매조건부신제품개발사업에서 처음부터 허위로 구매계약서를 작성하였다거나 부정한 방법으로 문서나 서명을 위조하여 연구개발과제에 신청한 것이라면 이것은 부정행위에 해당하고 부정행위에 해당하므로 제재사유에 포함되어 연구개발비 환수조치에 해당하지만, 거짓이나 부정한 방법이 동원되지 않았고, 결과적으로 구매계약이 이행되지 아니한 것이라면 이것은 부정행위도, 제재사유에도 해당되지 않으므로 환수조치와는 아무런 상관이 없다. 즉 부정행위 – 제재사유 – 환수조치의 순서대로 진행되는 것인 바, 구매계약 미이행이 부정행위에 해당하는지 여부에 대하여 검토할 필요가 있는데 구매계약서가 허위라면 부정행위에 해당하는 것이고 허위가 아닌 실제로 양당사자가 날인(서명)한 문서라면 후에 구매계약이 이행되지 않았더라도 이를 부정행위로 볼 수 없는 것이다.

한편, 정상적으로 구매계약이 완성되었다 하더라도 허위로 구매계약서를 작성하였거나 연구개발 과제의 수행 과정과 결과가 극히 불량한 경우, 사용용도와 사용기준을 위반하여 연구개발비를 사용한 사실이 드러난다면 이것은 부정행위에 해당되므로 제재조치를 받아 연구개발비 환수 조치를 당할 수 있다.

Two Channel 전략

하늘과 같은 선배님의 친구는 자연스럽게 내 선배가 되는 것이고, 내가 형님이라고 부르는 형님의 친구도 역시 내 형님이 된다.

기업에서도, 나이를 떠나 본인이 고용주로 모시고 있는 대표의 지인은 대표가 중간 매개 역할을 하기 때문에 예를 갖추어 대하는 것이 고용주에 대한 예의다.

이러한 배경에도 불구하고, 초보 컨설턴트들이 가장 많이 하는 실수 중 하나는 바로, 함께 일하기 쉽고 연락하기에 용이한 실무자하고만 연락 체계를 유지한다는 것이다. 이렇게 하다보면 컨설턴트 본인도 모르게 실무자가 모시고 있는 고용주를 본인 스스로도 은연중에 '모시게' 된다.

KOTERA에는 고객이라는 단어가 없다. 협회와 기업 사이의 관계에는 '멘토'와 '멘티'만 존재한다. 여기서 멘티의 대상은 기업도 아니고, 기업의 실무자도 아니다. 바로 기업의 대표가 '멘티'인 것이다.

이러한 관계성을 첫 단추부터 잘 끼우지 못하게 되면, 실무자와 함께 대표자의 '윤허'를 받는 '집사'로 그 지위가 추락하게 된다. 이렇게 된다면, 더 이상 멘토라 할 수 없고, 서비스 마인드에 충실한 서비스맨이 되고 만다. 이런 상태로는 '지도사'의 '지도활동'에 큰 제약을 받게 된다.

방향 설정과 그 방법론을 멘토로서 멘티에게 제시하고, 멘티가 따르도록 지도하는 것이 멘토임에도 불구하고, 첫 단추를 잘못 끼운 '실책' 때문에 항상 그 방법과 방향을 기업의 실무자에게 한번, 기업의 대표자에게 다시 한 번 검토를 받는 신세로 전락하게 되는 것이다.

오늘날의 컨설팅은 배워서 남에게 전해 주는 그런 문화가 아니다. 다수의 전문가집단의 집단지성이 하나의 기업을 성장 발전하도록 지도하는 문화다. 그런데 이런 첫 단추를 잘못 끼운 초보 컨설턴트 때문에 전문가 전체 그룹의 수준도 역시 격하되는 결과를 초래하게 된다.

멘토는 검토와 윤허를 받아야 하는 입장이 아니라 탑다운 방식으로 기업의 문화와 체계까지 바꿀 수 있는 힘을 가진 대단한 영향력이 있는 사람이라는 것을 잊어서는 안 된다.

지금 당장은 실무자와 협의하고 실무자와 커뮤니케이션 하는 것이 편하고 수월하다고 해서 정작 멘티가 되어야 하는 기업 대표와의 연락 체계를 단절하고 계속하여 실무자하고만 업무 연락을 진행하게 된다면, 종국에는 그 성과와 능력을 기업의 실무자와 기업의 대표에 의해 평가 받고 재단 받는 우스운 꼴을 맞이하게 된다. 혼자만 무시당하는 것이 아니라 그가 소속된 전문가그룹 전체가 무시를 당하게 되는 꼴이다.

따라서 멘토라고 스스로를 자부하는 컨설턴트는 실무자와도 업무 연락을 진행해야 하지만 반드시 정기·비정기적으로 수시로 대표와도 업무 연락 체계를 유지해야 한다.

대표가 본인을 멘토로 모시고 있는 한, 그 대표를 고용주로 모시고 있는 실무자로 하여금 본인을 당연히 대표와 동급 이상으로 대우 받는 컨설턴트로 포지셔닝을 해야 한다.

이것은 누가 만들어 주는 것이 아니라 전문가 그룹을 대표하여 기업과 실무를 진행하는 컨설턴트 본인이 만들어 나가야 하는 관계 개선의 역할이며, 임무라는 것을 잊어서는 안 된다.

바로 이런 포지셔닝 전략을 우리 협회의 전문가그룹에서는 'Two Channel 전략'이라고 부르고 있다.

재무비율이 불리해도 우수한 기술이 있다고 하여
혁신성장 유형의 벤처기업확인을 받을 수 있는 것은 아니다.

Q : "이제는 중진공 대출이나 기보 보증을 받을 여력이 없는 기업이라도 기술이 좋거나 기술사업계획서만 잘 작성하면 새로 변경된 혁신성장유형으로 벤처기업을 받을 수 있다는데…."

A : 술만 좋고 매출 볼륨이나 재무비율이 열악한 기업은 혁신성장 유형의 벤처기업확인이 사실상 어렵다.

그 이유는, 혁신성장 유형은 아래와 같이 기술성 50%, 사업성 50%로 배분된 평가지표에 따라 70%이상의 점수를 득해야 가능성이 있다.

혁신성장유형의 평가지표를 살펴보면, 혁신성장유형은, 기술개발기반, 기술개발활동, 기술개발성과로 구성된 기술혁신성과 사업화기반, 사업화활동, 사업화성과로 구성된 사업성장성 대분류로 그 평가지표가 구성되어 있음을 확인할 수 있다.

대분류	중분류	지표명	평가내용	신규 신청기업 창업 3년 미만	신규 신청기업 창업 3년 이상	제확인 신청기업	대분류	중분류	지표명	평가내용	신규 신청기업 창업 3년 미만	신규 신청기업 창업 3년 이상	제확인 신청기업
기술혁신성	기술개발기반	연구조직 및 기술인력의 전문성	전담 연구조직 보유형태, 기술개발 전담 인력 비율, 기술인력 기술자 등급 평가	30%	20%	20%	사업성장성	사업화기반	고용 상승률	최근 거3간 연말 기준 총재원 수 증감 추세 평가(고용보험 피보험자 기준)	-	10%	10%
		연구개발비 투자현황	매출액 대비 연구개발비 또는 (매출액 없는 경우) 연구개발비 투자 규모	-	20%	10%			목표시장 설정의 적정성	신청기업의 사업 목표시장 설정의 적정성과 성장성 등 종합 평가	20%	20%	10%
	기술개발활동	기술개발 계획의 적절성	신청 기술(제품/서비스) 개발 추진 계획의 구체성과 실현 가능성 등 종합 평가	30%	20%	10%		사업화활동	기업가정신 기반의 사업계획의 적절성	사업계획서의 기업가정신에 입각하여 문제정의, 해결방안, 성장전략, 팀 구성 측면에서 적절하게 수립되었는지 평가	50%	40%	30%
		R&D 실적	신청 기술(제품/서비스)과 관련된 진행 중이거나 완료된 R&D 실적 평가	10%	10%	20%			창업 실적	신청 기술(제품/서비스)과 관련하여 국내외 업자/사업자 제출 실적 평가	10%	10%	10%
	기술개발성과	기술의 차별성	신청 기술(제품/서비스)의 독창성 우위성 대체성 활용성에 대한 종합 평가	20%	20%	30%			자금운용 계획의 타당성	기업성장에 필요한 자금증에 대한 투자자체 수립 수준 및 실현 가능성 등 종합 평가	20%	20%	20%
		지식재산권 보유현황	신청 기술(제품/서비스)과 연관성이 높은 지식재산권 보유현황 평가	10%	10%	10%		사업화성과	사업성과	최근 거3간 재무성과, 서비스/단체성과 활성화 수, 고객건수량수, 증가세(예, 사업단체매출오 약정률등)성과 종합 평가(2개 지표 선택평가)	-	-	20%

여기서 기업의 매출 볼륨과 재무비율이 열악하다면 12개 평가지표 중에서 사업성과와 자금운용계획의 타당성 및 목표시장 설정의 적절성에서 불리한 점수를 받아 커트라인을 넘어서기가 어렵다.

상기 표에서 보면, 3년 업력에 따라 12개 지표의 가중치가 조금씩 차이가 있으나, 우리 KOTERA 전문위원단에서는 8점 척도법을 활용한다. 즉 각 지표마다 매우 불량 1점, 대체로 불량 2점, 조금 불량 3점, 보통(나쁘지는 않음) 4점, 보통(좋지는 않음) 5점, 조금 우수 6점, 대체로 우수 7점, 매우 우수 8점으로 하여, 신청하는 회사에서 자체적으로 자가진단을 하도록 하고, 전문위원은 전문위원대로 진단한 후, 두 점수의 평균값을 최종값으로 산출해 보면 된다.

이때 유의할 것은, 5점 이상부터는 반드시 관련된 증빙서류를 준비하여야 하는데 점수가 높을수록 명확하게 직접적인 연관성이 있는 다수의 증명서류를 다수 준비하도록 해야 하는데, 이렇게 증명서류를 지표수에 따라 각각 12개의 폴더를 만들어 현장실사를 준비하도록 해야 한다.

만점은 12 * 8점 = 96점으로 하되, 절대로 마음만 앞서서 명확한 증명자료도 없이 자가진단 점수를 일부러 높게 책정하는 일이 없도록 다소 보수적으로 자가진단을 해야 한다.

우리 KOTERA 전문위원단에서는 혁신성장유형이 시작된 시점부터 이러한 8점 척도법을 활용하여 다수의 벤처기업확인을 지도해 오고 있으며, 70점 이상 산출된 기업들로만 증명자료 폴더를 준비하여 벤처기업확인을 신청한 결과 단 한 건의 실패도 없었다.

예비벤처를 제외한 3가지 유형(투자유형, 연구개발유형, 혁신성장유형) 중에서 당연히 추천할 만한 벤처기업 확인 유형은 기업부설연구소나 연구전담부서를 확보하여 직전 4분기의 연구개발비로 5천만 원을 증명하여 신청하는 '연구개발유형의 벤처기업 확인'이다.

따라서 사내에 기업부설연구소나 연구전담부서를 보유하고 있지만 아직까지 직전 4분기의 연구개발비가 5천만 원에 미달하거나 연구개발 투자비율이 7%(소프트웨어개발 공급업과 컴퓨터 프로그래밍, 시스템 통합관리업, 정보서비스업종은10%, 의료/정밀/광학기기 및 시계 업종은 8%)에 미치지 못하여 당장에 벤처기업 확인을 받을 수 없는 기업들이 활용할 만한 유형이 혁신성장 유형이라고 인식하는 것이 바람직하다.

결론적으로 혁신 성장 유형의 벤처기업 확인은 특정한 기술력이 있다고 하여, 기술사업계획서를 작성하였다고 하여 이것 때문에 가능한 것이 아니라 12가지의 평가지표를 종합적으로 판단하여 상위 70% 이상의 점수를 확보하여야 벤처기업 확인에 성공할 수 있다는 점을 유념해야 할 것이다.

초연결(hyperlink) 전략

1차 산업혁명, 2차 산업혁명, 3차 산업혁명, 4차 산업혁명. 이렇게 '혁명'이라는 단어를 붙이는 이유는 바로 자본의 이동이 발생한 판의 변화가 있었기 때문이다.

1차 산업혁명에서는 농경지를 소유했던 소위 '지주'들이 판을 주도했다면 '증기'기관이 발명된 이후로는 '증기'를 이용하는 기계를 소유한 자(대표적인 회사는 철도회사)로 자본이 이동하게 되었다.

이렇게 대륙을 넘나드는 철도회사들이 생기면서 대륙 간 무역을 위한 기반은 확보되었지만 기차로 나를 수 있는 상품은 부족했다. 그러다가 바로 '전기'가 발명되어 더 이상 '증기기관'이 동력원이 아닌 '전기'를 동력원으로 하는 기계집약형 공장들이 하나 둘씩 세워지게 된다.

그렇게 24시간 가동이 가능한 제조공장의 시대가 오고, 이러한 판의 변화를 통해 자본의 흐름이 증기기관을 제조, 운영하던 자들에게서 공장을 소유한 자들로 이동하게 된다.

한동안 제조공장의 시대가 오래 갈 줄 알았지만 '전산', 즉 컴퓨터가 발명됨에 따른 정보화시대로 판이 바뀌었다. 정보화시대는 전기 정보화시대와 후기 정보화시대로 구분할 수 있는데, 전기 정보화시대는 컴퓨터의 하드웨어산업이 주도하던 시대로, 대표적인 기업이 IBM, HP, 도시바 등이다. 전기 정보화 혁명시대는 하드웨어를 구입하면 소프트웨어는 번들판으로 무료 제공했던 시대였다.

그러다가 후기 정보화시대를 맞이하게 되었고, 소프트웨어기업이 하드웨어기업을 좌우지하게 되었으며, 급기야는 정품 소프트웨어를 구입하면 컴퓨터를 공짜로 주는 시대로 바뀌게 되었다. 그 대표적인 기업이 마이크로소프트, 어도브 등이었다.

정보화시대 또한 영원할 줄 알았지만 불과 20년 만에 4차 산업혁명의 시대가 우리의 삶 깊숙이 자리 잡게 되었고, 지금 우리는 4차 산업혁명시대의 한가운데에 위치하고 있게 되었다. 그렇다고 해도 4차 산업혁명시대를 대변하는 AI, AR, VR, 드론, 로봇, 공유 플랫폼 등을 보면, 새롭게 등장한 것은 하나도 없다. 모두 지난 정보화시대에 있던 것이다.

그런데, 어째서 이런 것들이 4차 산업혁명시대를 대표하는 아이콘이 되었을까?

그것이 바로, '초연결(hyperlink)'이라는 것이다. 단순히 하드웨어적 연결이 아니라 신지식이라는 콘텐츠가 초고속 무선망을 통해 사용자에게 연결이 되는 시대가 바로 4차 산업혁명의 시대다. 즉 오늘날에 와서야 비로소 그 해답, 솔루션을 찾게 되었다는 것이다.

정보화시대에도 스마트폰을 통한 영화 감상이 있었지만 오늘날과 다른 것은 과거에는 다운로드를 받아 미디어 디바이스에서 플레이를 했던 수준이었다는 것이다. 그러나 오늘날에는 저장을 위한 다운로드가 필요 없이 넷플릭스나 유튜브 등과 같이 스트리밍 환경을 통해 실시간 접속만으로 영화 감상이 가능해졌다.

이것이 '초연결'을 위한 하드웨어적 발전이라고 한다면, 수 백 수 천 대의 드론을 공중에 띄워 군집 비행이 가능하도록 한 소프트웨어나 시나리오가 바로 신지식 콘텐츠라 하겠다.

영화에서 혹시 이런 장면을 본 적이 있는가? 주인공이 동료와 함께 악당들을 피해 옥상에 있는 헬기까지 도망을 와서는 "헬기 조종할 수 있어?"라고 묻는 장면 말이다. 그리고는 헬멧을 쓰고 어딘가에 연결하더니 헬기 조종 방법을 다운로드 받아 바로 헬기를 띄운다.

어쩌면 황당한 장면이 아닌가 생각되지만 이제는 더 이상 공상과학 영화 속에 나오는 장면이 아니라 현실이 되었다. 수 초 만에 수천 만 가지의 시뮬레이션을 통해 바둑에서 최적의 수를 찾아내는 알파고를 우리 두 눈으로 확인한 바가 있다.

4차 산업혁명시대에서는 더 이상 내가 배워서 배운 것을 남에게 전해 주는 시대는 끝이 났다. 배우지 않더라도 실시간 스트리밍과 AI를 통해 연결하여 적용만 하면 된다.

초보자들도 손쉽게 '해답(Solution)'이라고 하는 종착역으로 연결될 수 있는 환경이 만들어진 것이 바로 4차 산업혁명시대라 하겠다.

컨설팅업계에서도 지금 활발히 진행되고 있는데, 이제는 한 명의 전문가가 기업을 상대로 본인이 알고 있는 지식과 경험을 기반으로 컨설팅을 해 주던 시대는 끝이 났다. 다수의 집단지성이 모인 전문가그룹이 하나의 기업을 컨설팅해 주는 흐름이 바로 4차 산업혁명시대의 컨설팅 문화다. "나는 비록 초보 컨설턴트지만 전문가그룹과 늘 연결되어 있으므로 나와 만나는 기업은 오랫동안 살아 있는 노하우를 보유한 전문가그룹의 도움을 받게 되는 것이다."라는 말이 초연결시대가 가능할 수 있도록 만들어 낸 현재의 컨설팅 문화의 결과라 하겠다.

KOTERA는 바로 텔레그램 기반 전문위원단 전문가그룹의 단체방이다. 협회의 많은 초보 기업R&D 지도사들조차도 바로 이 전문가그룹에 연결되어 과거에는 경험해보지 못한, 폭과 너비와 깊이가 다른 차원 높은 컨설팅 콘텐츠를 실시간으로 멘티기업들에게 제공할 수 있게 되었다.

초보 기업R&D 지도사에 대해 의구심을 갖고 있는 기업들로 하여금 이런 의구심을 해소해 주고자 하는 전략을 기업R&D 지도사의 '초연결 전략'으로 부르고 있는데, 전문가그룹의 집단지성과 기업이 초연결되어 과거에 경험해보지 못한 새로운 경험이 가능하도록 하고 있다. 그 신뢰성과 축적된 경험은 지금도 계속해서 급성장하고 있다.

방법과 노하우를 몰라도 R&D과제에 선정되는 경우가 있다고 하여
이것을 당연하게 받아들이면 안됩니다.

Q : "우리 회사는 기업부설연구소가 없어도 5억 원짜리 과제에 선정되었다."

"우리 회사는 특허가 없어도 10억 원짜리 과제에 선정되었다."

"내가 아는 회사는 한 번도 R&D과제 경험이 없어도 20억짜리 과제에 선정되었다."

A : 필자의 모친은 예전에 복숭아를 가족들과 어두운 데서 드셨다고 한다. 그 이유는 당시 복숭아는 벌레 먹은 것들이 많아서 복숭아를 먹다가 벌레가 나오면 기분이 나쁘니까 차라리 아무것도 모르고 그냥 먹는 편이 나아서 그렇게 하셨다는 것이다.

방법과 요령을 몰라도 어떻게 하다보면 어떤 일이 잘 된 경우가 있다. 어떤 경우는 100원짜리 동전을 열 번 던져서 열 번이 모두 앞면만 나오는 경우도 있다. 그렇다고 100원짜리 동전을 던지면 뒷면보다 앞면이 나올 확률이 높다고 말할 수 있을까? 융단폭탄이 있었던 6.25 전쟁에서 살아남았다고 모든 전쟁에서도 살아남을 수 있다고 과연 장담할 수 있을까?

동전을 열 번이 아니라, 백 번, 천 번, 만 번을 던져본다면 결국 앞면과 뒷면이 나오는 비율이 50:50에 수렴한다는 것을 알게 된다. 이처럼, 원리와 방법을 알아내기 위해서는 수없이 많은 도전과 경험이 필요하며 이러한 경험과 지식을 통해 체계적인 노하우가 만들어지는 것이다.

그럼에도 불구하고, 어떻게 하다가 정부지원 과제에 선정되었고, 또 어쩌다가 다른 R&D과제에도 연이어 선정되었다고 하여 과연 이 회사가 R&D과제에 선정될 수 있는 노하우와 방법을 잘 알고 있다고 할 수 있을까?

그냥 주먹구구식으로 진행해 왔다면, 앞으로는 과제에 선정될 가능성보다 탈락할 가능성이 더 높아지게 된다. 그 이유는 빨간 돌, 파란 돌을 각각 다섯 개씩 주머니에 넣고 무작위로 돌을 하나씩 꺼냈는데, 첫 번째 두 번째 세 번째 돌이 연이어 모두 빨간 돌이 나왔면 네 번째 무작위로 선택하는 돌은 파란돌일 수 있는 확률은 5/7로 빨간 돌이 다시 나올 확률인 2/7보다 2.5배가 높기 때문이다.

그렇다면, 다섯 번을 뽑아 모두 빨간 돌이 나오도록 하는 방법은 무엇일까?

그것은 당연히 두 눈을 열고 주머니 속의 돌 색상을 확인하고 빨간색 돌만 꺼내면 되는 것이다. 즉 눈 감고 아무거나 꺼내는 것이 아니라 눈으로 확인하고 선별하여 선택하는 것이다.

컨설팅도 과학에 기반 되어야 하는데, 그것이 바로 선정되는 확률을 높여 R&D과제에 신청해야 한다는 것이다. 기업부설연구소도, 특허도 아무것도 없는 현재의 상태보다 이것들을 준비하여 신청하는 것이 확률적으로도 당연히 높다 할 것이다.

한편, 우리 KOTERA 전문위원단에서는 타사의 R&D과제들과 경쟁하여 우위를 점할 수 있는 각종 경쟁 요소들을 다방면으로 지도하고 있는데, 기본전략(몸짱 만들기)에서부터 기술사업계획서의 각 요소 요소마다 무엇을 어떻게 수정하고 보완하는지에 대하여 전반적인 지도를 한다. 이러한 컨설팅을 통해 기업은 현재의 수준 확률보다 선정될 수 있는 확률을 현저히 높일수 있게 되는 것이다.

그런데 이러한 노력 없이 운에 맡겨 보자는 식으로 이 과제 저 과제에 주먹구구식으로 신청을 하다 보면, 결국은 선정되는 비율보다 탈락하는 비율이 더 많게 된다는 것을 뒤늦게 알게 된다. "어쩐지 잘 되더라." 라는 생각과 함께 결국 체계 없이 전략과 방법을 모른 채 진행했던 것에 대해 뒤늦게 후회를 하게 된다.

복숭아를 먹다가 벌레가 몇 마리 나오면 가장 기분이 불쾌할까? 정답은 반 마리다. 왜냐하면 절반은 이미 내 입 속에 들어갔으니 말이다.

지뢰밭인 줄 모르고 지뢰밭을 듬성듬성 들어갔다가 나중에 본인이 서 있는 지점이 바로 지뢰밭의 한가운데였음을 알게 되었을 때의 두려움이 더 클까? 아직 지뢰밭에 진입하지 않고 발 앞에서 지뢰밭 표지를 보았 때의 두려움이 더 클까? 당연히 멋모르고 지뢰밭 한 가운데 들어섰다가 뒤늦게 "여기가 지뢰밭이었구나." 라는 사실을 알게 되었을 때의 두려움이 더 클 수밖에 없다.

R&D과제에 있어서, 그 방법과 노하우등의 체계적인 경험지식과 전략이 분명히 존재함에도 불구하고 '내 맘대로 해도 되겠지.' 라고 생각하고 진행하였다가 과제에 운 좋게 몇 번 선정되었다고 좋아할 것이 아니다. 이후 연이어 닥치게 되는 탈락의 고배 앞에서 '뭐가 잘못되었지?' 라고 본인을 돌아보는 순간, 바로 그곳이 지뢰밭의 한가운데였음을 알게 되는 것이다.

몇 번 해보니까 되었으니, 이번에 신청하는 R&D과제도 '되면 좋고 안 되면 말고 식'으로 운에 맡긴다면, 또 이런 식으로 기업을 지도하는 컨설턴트가 있다면 이것은 무당의 무속행위나 다를 바가 없다. 어쩌면 무당보다 더 못할 수도 있다.

진정한 컨설턴트라면 체계적인 전략과 방법을 통해 기업의 경쟁우위 역량을 충분히 강화하여 R&D과제에 신청하도록 지도를 해야 할 것이다. 실패를 두려워하면 안 되겠지만, 그렇다고 모든 것을 운에 맡길 수는 없다.

지뢰밭에서 지뢰를 밟으면 나도 다치지만 주위의 동료들도 치명상을 입을 수 있으며 그 상처는 되돌릴 수 없을지도 모르기 때문에 지뢰밭은 함부로 들어가면 안 되는 것이다. 또한, 무턱대고 들어갔다가 "여기가 지뢰밭의 한가운데였구나!" 라는 때늦은 후회를 하는 일도 없어야 할 것이다.

4C 전략

최근 중소벤처기업부가 중소기업 정책자금 브로커 9개 업체를 적발해 고발 조치한 사실이 있었다. 중소벤처기업진흥공단이 최근 밝힌 바에 따르면 '중진공'은 2018년 8월까지 총 183개 컨설팅업체에 대한 온라인 모니터링을 실시, 9개 업체의 위법행위를 적발해 수사의뢰했다고 한다.

이들 9개 업체들의 위법행위 유형으로는 △중소기업 상담 미등록 회사임에도 사업계획서 작성 등 업무대행 △고액의 사업계획서 작성 대행료 요구 △지원 받은 정책자금의 1.5%~10% 사이의 성공보수시스템 운영 △전국 과대광고 현수막 게재 등이 있었다.

정책자금의 규모나 대상이 확대되면서 불법 브로커가 활개를 치고 컨설팅이라는 명목으로 흉내만 내는 기업들이 늘어가고 있다.

이러한 기업들의 공통점은 정책자금 컨설팅이 무엇인지 제대로 알지 못한 채 흉내만 내고 있으며, 점집에서 복채를 받는 것처럼 비과학적인 컨설팅을 하고 있다는 것이다. 왜냐하면 "온다! 온다!"라고 하면서 많은 복채를 내면 신이 내려오고, 복채가 없거나 부족하다고 생각되면 "정성이 부족하여 신이 내리지 않는다."고 말하는 식이다. 즉 컨설팅 비용을 많이 주면 프로젝트에 성공하고, 컨설팅 비용을 적게 주면 실패할 가능성이 높다고 하는 컨설팅업체의 말은 무당의 말과 다를 바가 없다는 것이다.

정책자금에 대한 방법과 전략을 정확하게 알고 있는 기업R&D 지도사는 프로젝트에서 성공할 확률이 왜 높은지, 안 되는 것은 왜 안 되는지에 대한 근거와 이유를 명확하게 설명해 준다. 반면, 더 많은 수수료를 성공의 조건으로 내세우는 불법 브로커나 흉내만 내는 컨설팅 업체들은 성공에 대한 확신과 방법을 모르기 때문에 한 푼이라도 더 많은 비용을 요구하게 되는 것이다.

KOTERA에서 말하는 '4C 전략'은 방문 컨설팅을 효율적으로 하기 위한 기법이다. 즉 기업체를 방문하여 맞춤형 컨설팅을 성공적으로 진행하는 매뉴얼이라 할 수 있다.

4C의 첫 번째 C는 'Chek-up' 단계를 말한다. 신청한 기업에 대한 정보를 전후방으로 철저히 조사하고, 신청서를 통해 확인하기 어려운 정보는 미리 요청하여 받아보고 분석하는 단계다.

두 번째 C는 'Contact'로 기업의 대표가 편한 시간이 아니라 전문위원이 협회로부터 배정 받은 2~3개의 시간을 정해 주고 어느 시간대에 기업의 대표가 방문 컨설팅에 참여할 수 있는지를 정하는 단계다. 즉 전문위원이 멘토라 한다면 기업 대표가 멘티가 되는 포지셔닝이 되어야 바람직한 컨설팅 구조가 될 수 있다.

선박 운항에 대한 책임과 결정 권한이 있는 선장에게는 선박 운행과 관련한 중요한 정보가 직접 전달되어야 한다. 기관사는 갑판장이, 조타수는 선장이 지시를 하면 되는 것이다. 따라서 기업의 대표가 컨설팅 대상이 되어야 큰 효과를 볼 수 있다.

KOTERA는 영업이나 세일즈를 하는 곳이 아니라 기업의 기술사업화 성장에 도움이 되는 지원사업을 주관하는 곳이다. 따라서 멘토, 멘티 포지셔닝에 의거하여 도움을 요청하는 기업들만이 지원 혜택을 받을 수 있다. 그렇기 때문에 협회에서 배정한 시간에 기업이 맞추는 정성이 필요하다. 이런 정성과 준비가 없는 기업이라면 도움이나 지원을 받는 적합한 기업이 아닌 것이다.

이때 컨설팅을 진행하는 협회의 전문위원단은 과잉 친절할 필요가 없으며, 지난 챕터에서 언급했던 풀빵 만들기 전략을 통해 아직 익지 않은 풀빵에 연연할 필요 없이 기업이 충분히 준비가 될 때까지 기다리면 된다.

이렇게 4C의 2단계인 Contact가 진행되었다면 3단계인 'Conclusion' 단계가 진행되는데 이것은 Chck-up을 통해 판단 받고 결정 받는 단계라 하겠다.

기업부설연구소 인정이 되는지 안 되는지, 벤처기업 확인이 되는지 안 되는지, 이노비즈 인증이 되는지 안 되는지, 기업의 금융지원이 되는지 안 되는지를 그 자리에서 그 가능성을 진단 받고, 안 된다면 어떤 이유 때문에 안 되고, 된다면 그 가능성이 무엇이며, 구체적으로 어느 선까지 가능하며 이후의 발전 단계 최적의 시나리오는 어떤 것이 있는지를 추가로 코칭 받게 된다.

4C의 마지막 단계는 Collaboration을 말한다. 한 번 방문으로 끝나는 것이 아니라 앞에서 다뤘던 IMP 전략을 통해 기업과의 유기적 연락을 유지하면서, 기업에게 적합한 프로젝트의 가능성을 함께 발굴하여 성공에 이르는 길을 제시하는 단계다.

이렇게 정형화된 4C 전략을 통해 도움 받고자 하는 기업이 협회의 기업 R&D 지도사를 한번 만나게 되면 이 책에서 설명한 다양한 전략들이 현장에서 어떻게 실현되는지를 직접 눈으로 활인 할 수 있게 될 것이다. 또는 스스로 기업R&D 지도사가 되어 이를 직접 체험하고 확인해볼 수 있겠다.

매출액이 5백만 원도 안 되는 기업이라도

얼마든지 5억 원 이상의 R&D과제에 선정될 수 있다.

Q : "우리 회사는 매출액이 5백만 원도 안 되기 때문에 5억 원짜리 R&D 과제는 엄두도 못 내고 있어요."

"우리 회사는 신용등급이 낮아 R&D과제에 신청을 해봤자 탈락할 것이 뻔해요."

A : Why not?

도전해 보지도 않고 지레 겁부터 먹고 속단하는 경우가 의외로 많다.

융자나 보증심사에는 매출액 규모나 재무비율, 신용등급 등과 같은 요소가 중요하게 고려되지만 무담보, 무이자, 무상환 조건으로 지원되는 정부R&D과제는 기술개발 아이템이 얼마나 혁신적이고 우수한지, 그리고 개발이 완성되면 국가적으로 얼마나 도움이 되는지 여부가 중요한 관건이다.

따라서 기업의 매출 규모가 작아도 아무런 상관이 없으며, 신용등급과도 무관하다. 단, 신청하는 기업의 부채비율이500%를 초과하거나 유동비율이 50%도 안 되는 경우에는 신청 자체가 불가능한 정부 R&D과제도 있다.

하지만 국세나 지방세 체납만 없다면 그 어떤 기업도 정부 R&D과제에 신청하여 5억 원은 물론 그 이상의 금액도 지원받을 수 있다.

실제 우리 협회에서는 매출액 규모가 300만 원에 불과한 1년 미만의 창업기업임에도 불구하고 4억 원의 전략형 창업과제에 선정된 사례도 있으며, 5억 원의 해외구매조건부 과제에도 당당히 선정된 사례가 적잖게 있었다.

이렇듯, 신제품이나 신기술을 개발하는 정부R&D과제에서는 그 당락의 결정이 기술개발 역량에 있는 것이지 매출액 규모나 신용등급에 있는 것이 아니다. 다만, 우리 회사보다 매출액도 높고 신용도도 좋은 다른 기업과의 경쟁에서 이기기 위해서는 기술개발 아이템도 우수해야 하겠지만 무엇보다 기술개발은 물론 사업화 성공에도 충분한 가능성이 있음을 보여줄 필요가 있는데, 기술개발 역량이 있음을 객관적으로 증명할 수 있는 요소로는, 사내 기업부설연구소나 지식재산권 등의 확보가 반드시 필요하다.

기업부설연구소와 지식재산권의 확보 또한 기업의 규모나 신용등급과는 아무런 상관이 없으며, 지재권 확보도 방어 출원 방식으로 진행하게 되면 비용도 거의 들지 않는다. 또한 사업화 가능성을 어필하기 위하여 다수의 수요처로부터 구매계약서(MOU)나 구매의향서(LOI)를 확보하여 이를 효과적으로 제시하면 얼마든지 가능성이 있다.

꿈을 꾸는 데는 돈이 들지 않으며, 자격도 필요하지 않다. 기업의 매출이 적다고 하여 속단하여 R&D지원금을 낮게 맞출 필요도 없다. 허름한 창고에서 시작하여 불과 40년 만에 오늘날 세계적인 거대 기업이 된 애플이 창고 시절에 창고 수준의 꿈을 꾸었다면 여전히 오늘날에도 창고 수준에 머물렀을 것이다. 그래서 R&D과제는 모두에게 공평한 것이다.

의지와 아이템만 있다면 속단을 버리고 높은 곳을 향해 지금 도전해야 한다.

조직 2

조직에서 롱런하면서 발전하는 사람과
존재감 없이 사라지는 사람의 가장 큰 차이는

나를 위해 일해 주거나 내 업무를 협조해 주는 사람이
있느냐 없느냐의 차이입니다.

본인 업무의 협력자와 조력자는 조직이 만들어주는 것이 아니라
본인의 커뮤니케이션 능력으로 만들어 나가는 것입니다.

조직 내 협력 네트워크를 든든히 구축한 사람은
그가 곧 조직이며 시스템의 중심인 것입니다.

반면 존재감 없는 사람의 빈자리는 그 빈자리마저
존재감 없이 그 공백은 금세 채워지게 됩니다.

3C 전략

이번 챕터에는 중소기업이 R&D과제를 수행할 수 있는 기업인지 아닌지 여부를 필터링하는 3C 전략이다.

3C 전략의 첫 번째 항목은 Checkup 123으로 R&D과제 신청에 필요한 요소들, 즉 몸짱 만들기가 얼마나 되었는지를 점검하는 단계다.

1단계는 등록특허 또는 출원특허를 확보하고 있는지(최소 5개)를 점검하는 단계다.

2단계는 기업부설연구소 내지는 연구전담부서를 보유하고 있고, 물적 요건 및 인적 요건을 만족하고 있는지를 확인하는 단계다.

3단계는 벤처기업 인증 여부를 확인하는 단계다.

이러한 기본역량이 아직 준비가 안 되었다면 R&D과제에 신청할 수 없기 때문에, R&D과제에 도전할 수 있도록 특허를 출원하고 기업부설연구소를 설립하고 벤처인증을 진행하는, 기본 전략인 몸짱 만들기 프로그램을 진행하도록 해야 한다.

3C 전략의 두 번째 항목인 'Conformity'로, 컨설팅을 진행하는 멘토와 코

칭을 받는 멘티의 관계 정립을 분명히 인식하고 있는지, 멘토의 지침을 의심 없이 받아들이고 이에 순응할 수 있는지, 이러한 마음가짐과 태도에는 문제가 없는지를 점검하는 단계다.

물에 빠진 사람은 바로 구조의 손길이 필요하다. 그러나 아직 힘이 빠져 있지 않으면 구조에 어려움이 있다. 왜냐하면 구조하는 사람을 붙잡고 매달리면 구조자 역시 위험에 빠지게 되기 때문이다. 즉 물에 빠진 사람의 힘이 빠져야 비로소 구조하는 사람이 힘을 제대로 발휘하여 온전히 구조할 수 있는 것이다.

3C 전략의 3단계는 Competitive로 R&D에 참여하는 기업이 어떤 경쟁우위의 요소가 있는지를 점검하는 단계다.

남들이 대부분 하고 있고, 다른 기업도 쉽게 따라 만들 수 있는 기술이나 제품은 차별성이 없다면 국민의 세금으로 조성된 정부출연금을 받는 게 거의 불가능에 가깝다.

결론적으로, 아직 남들이 하지 않았고, 기존 기술이나 제품에 비해 그 기능과 성능이 시대의 트렌드에 맞게 진보적이고 향상된 차별화된 요소가 있어야 하고, 그러한 차별화 요소가 돋보일 수 있도록 사업계획서를 작성할 수 있는 계획이 구상되어 있어야 한다.

만약에 이러한 'Conformity' 단계에서 R&D과제에 대한 의지만 있고 차별화된 아이디어가 없다면 KOTERA 전문위원단을 통해 차별화된 아이디어를 도출할 수 있도록 도움을 받을 수 있다. 이 과정에서 전문위원이 제시하고 동의한 아이디어를 받아들이고, 이에 대한 인력채용과 R&D 신청을 진행하겠다고 약속한다고 하면 이 단계는 통과할 수 있다.

그렇지만 마땅한 제품 및 기술의 경쟁우위 요소도 없으면서, 현재 가지고 있는 보잘 것 없는 아이템으로 R&D 신청을 해달라고 요구를 한다면, 결코 이마지막 3단계를 통과할 수가 없다.

KOTERA에서는 위에서 제시한 3C 전략의 모든 단계를 통과한 기업들만을 대상으로 컨설팅지원 협약을 체결하고 있다. 따라서 멘티기업의 과제 성공률 이 높을 수밖에 없다.

지금, 우리에게 필요한 것은 워밍업이다

"우리 협회의 멘티기업이 되면 기업R&D에 필요한 각종 지식과 실전 노하우를 코칭 받을 수 있습니다." 라는 말을 들은 기업의 상당수는 "그러면, 지금 당장 신청할 수 있는 R&D과제는 뭐가 있나요?" 라는 질문을 많이 한다.

그러나 "지금 시즌은 당장 신청할 만한 R&D과제는 없습니다." 라는 답변을 듣고서는 "에이~ 지금은 멘티기업 신청할 때가 아닌 것 같네요. 나중에 신청할 만한 R&D과제가 있을 때 그때 다시 문의할게요." 라는 반응을 보이곤 한다.

이런 기업들의 대부분은 아직까지 단 한 번도 기업R&D과제에 선정되지 못한 기업들일 것이다. 그 이유는, 이들은 마치 지금 당장 신청할 만한 R&D과제가 있을 때가 협회의 멘티기업으로 가입할 때라고 생각하기 때문이다.

하지만 이때는 이미 늦어도 한 참이나 늦었다. 즉 당장 신청할 만한 R&D과제가 있어서 여기에 신청만 하면 선정될 것으로 착각을 하고 있기 때문이다.

신청만 하면 R&D과제에 선정될 것 같으면 기업R&D지도사나 기업R&D코칭 자체가 필요 없을 것이다. 이들은 마치 오늘 격투기 도장에 등록하면 내일이라도 당장 UFC에 진출할 수 있을 것으로 착각하고 있는 것과 같다.

링 위에 올라가는 선수도 수없이 많은 땀을 흘리는 인고의 훈련이 필요한데, 여기 저기 R&D과제에 신청할 수 있는 시즌 속에서는 기업R&D지도사의 코칭을 받아 이 과제 저 과제에 신청서 넣기가 바쁘다. 그러다가 이 과제 저 과제에서 탈락하게 되면, "기업R&D지도사도 별 것 아니구나. 다 떨어졌으니 말이야." 라고 속단하게 된다.

아무리 훌륭한 기업R&D지도사를 만나더라도 훈련 한 번 하지 않고 R&D 과제에 신청만 한다고 과제에 선정될 수는 없다. 훈련 없이 도전하였으니, 무더기 탈락의 고배를 당연한 것으로 생각하고, 이때부터가 시작이라는 마음으로 하나씩 훈련을 통해 워밍업을 해내 가야 한다.

훈련을 통한 워밍업은, 실전 도전을 통해 전담기관의 평가위원들로부터 지적받았던 평가 의견들을 기업R&D지도사의 코칭에 따라 하나, 하나씩 무엇을 어떻게 개선하고 차별화 포인트를 도출해야 할지 기업R&D지도사에게 검증을 받는 과정이다.

때로는 기업R&D지도사가 추천하는 논문이나 동향보고서 등 전문자료도 공부해야 하고 최근에는 ChatGPT를 활용한 시장현황 및 경쟁사 분석 등을 통해 전담기관에 제출하는 사업계획서의 완성도를 하나씩 높여 나가야 하는 것이다.

이러한 절차와 과정을 통해 R&D과제에 선정되는 기쁨을 드디어 맞이하게 되는 것이며, 절대로 한술에 배 부르는 법은 없다. 천릿길도 한걸음부터 시작하는 것이다.

만일 지금 당장 신청할 만한 R&D과제가 보이지 않는다면, 바로 지금이야말로 워밍업이 필요한 시기다. 기업R&D지도사의 코칭에 따라 사업계획서를 작성하고 부족한 부분을 하나씩 보완해 가면서 완성도를 올려 나가는 워밍업의 시간이 필요한 시기인 것이다. 이러한 워밍업이 충분히 된 기업이야 말로, 제대로 채비를 준비한 조사釣士라 하겠다.

참치 떼의 보일링Boiling을 보고 그제야 채비를 챙기면 늦다. 이 과제, 저 과제 보일링의 시즌이 오기 전에 철저하고 꼼꼼한 채비를 해 놓아야 한다. 이렇게 워밍업을 통해 준비된 채비가 있어야 정신없는 보일링 시즌이 닥쳐오면 뭐를 낚아도 낚을 수 있는 것이다.

빅피쉬 히트의 욕심이 있다면, 바로 지금이 채비 곧 워밍업이 필요한 시기이며 제대로 된 워밍업은 수많은 성공 경험과 지식에 익숙한 기업R&D지도사를 통해 진행하는 것이 효과적이다. 그러면, 오늘도 튼튼하고 어복 충만한 그대의 채비를 기대하겠다.

기업R&D 지도사의 생존 전략

빅데이터, AI, 공유플랫폼 등으로 대변되는 4차 산업혁명시대는 직업군에 있어서도 혁신적인 변화를 가져오게 되었다.

이미 지난 2013년도에 영국 옥스포드대학교에서 발표된 논문에 따르면 20년 내 없어질 가능성이 높은 직업으로 1순위가 텔레마케터, 2위는 회계사, 3위는 소매판매업자라고 하였다.

그로부터 5년 남짓 지난 오늘날, 실제로 텔레마케터는 전자음성으로 대체되었다. 지금까지 수많은 전화조사원이 필요했던 여론조사전문기관의 대부분은 전자음성 시스템을 도입하여 다양한 여론조사를 현재 진행 중에 있다. 과거에는 전자음성이 단어나 음절 단위로 발음을 했다면, 최근에는 문장 전체를 인식하여 실제로 사람이 발음하는 것과 구분가지 않을 정도로 훌륭하게 그 역할을 수행해 낸다.

지난 선거기간 중에 혹시, 유권자선호도 조사를 전화로 받아본 경험이 있는가? 바로 그 음성이 전자음성 시스템이었다. 더구나 최근에는 AI와 챗봇 기술이 적용되어 응답자가 응답하는 음성을 인식하여 거기에 맞는 대답까지 전자음성으로 대응하는 시스템으로 발전하고 있는 추세다.

기업R&D 지도사 중에서도 회계사들이 많이 있지만 회계사들의 역할이 단순히 기업 회계를 넘어 기업의 마케팅이나 기업공개 등의 영역으로 보다 더 확대되고 있는 추세다. 왜냐하면 단순한 기업회계는 한 달에 10만 원에도 미치지 않는 저렴한 비용으로 이미 많은 기업들이 회계 통합 솔루션을 활용하고 있기 때문이다. 잘 알고 있는 더존, 이지샵, 이카운트, 아이퀘스트 등 다양한 회계 솔루션이 과거 회계사들의 자리를 급속히 대체하고 있으며, 최근에는 기업의 환경과 특성에 맞는 맞춤형 회계 프로그램을 개발해 주는 SI(시스템통합) 서비스도 점차 확대되고 있는 추세다.

세 번째, 고전적인 인터넷종합쇼핑과 소셜커머스를 넘어 SNS플랫폼·앱 쇼핑이 급속도로 확대되고 있는 오늘날 인터넷 전자상거래에서는 도매와 소매의 개념이 이미 파괴된 지 오래다. 모든 가격이 공개되고 서로 비교되고 있기 때문에 더 이상 도매상으로부터 물건 떼다가 재판매하는 소매판매업자들의 자리가 없다. 어쩌면 옥스포드대학교에서 예측했던 3개의 직업군 중에서 가장 먼저 자취를 감출 업종이 아마도 소매판매업자가 아닐까 생각된다.

한편, 우리나라에서도 지난 2015년도에 고용정보원에서는 고용분야 전문가들을 대상으로 향후 유망한 10대 직종을 조사한 적이 있었다. 1위는 금융자산운용가, 2위는 컴퓨터보안 전문가, 3위는 하이브리드동력시스템 개발자, 4위는 경영컨설턴트, 5위는 마케팅 전문가로 발표하였다.

여기서 기업R&D 지도사는 경영과 기술이 융합된 직종의 경쟁력 차원에서 본다면, 1위부터 5위 중에 엔지니어 전문직종인 2위(컴퓨터보안전문가)와 3위(하이브리드동력시스템 개발자)를 제외한 3개의 분야, 즉 금융자산운용, 경영컨설팅, 마케팅 분야에 있어서 이 세 가지 분야와 모두 직접적인 연관이 있는 직종이라 하겠다.

즉 상위 5위의 유망직종 중에서 무려 67%의 연관성을 가진 오늘날 4차 산업혁명시대에 가장 유망한 직종이 바로 기업R&D 지도사라고 해도 지나치지 않을 정도로 그 연관성이 상당하다.

오늘날의 금융자산운용에는 고전적인 부동산, 증권, 채권 외에도 블록체인 기반으로 탄생한 암호화폐 시장도 고려해야 한다. 특히 무담보·무이자·무상환의 조건으로 지원되는 R&D 관련 정부출연금도 그 영역에 중심에 있다 하겠는데, 그렇다면 당연히 기업R&D 지도사의 역할이 주목을 받을 수밖에 없다.

또한 경영컨설턴트 시장 역시 고전적인 기업경영을 넘어, 오늘날에는 해외 진출과 클라우드펀딩이나 정부지원을 통한 기업투자의 비중도 크게 확대되었다. 정부지원제도를 활용한 기업경영, 즉 MOP(Management Of Policy fund) 전문가인 기업R&D 지도사의 역할이 그 어느 때보다 중요한 빛을 보게 되었다 하겠다.

끝으로 오늘날의 마케팅은 고전적인 제조&유통 시스템을 벗어나 정부지원제도를 활용한 다양한 국내외 판로지원이 기업의 경쟁력으로 급부상하고 있다. 그동안 기업들이 스스로 투자하여 판로를 개척하고 확대해 나갔다고 한다면, 오늘날에는 정부지원제도를 효과적으로 활용하는 기업들이 판로와 수출 확대에 있어서 더욱 승승장구하고 있다. 즉 기업의 마케팅 활동에 정부지원제도를 활용하는 것이 오늘날에는 기업의 경쟁력 중 중요한 핵심역량으로 자리매김하게 된 것이다.

이러한 4차 산업혁명과 관련한 시대적 변화의 관점에서 본다면, 경영과 기술, 그리고 여기에 정부지원제도까지 융합된 다양하고 복잡한 기업컨설팅을 수행해 낼 수 있는 인재가 바로, 기업R&D 지도사다. 자, 귀하도 마음만 먹고 결심만 한다면 기업R&D 지도사가 될 수 있다.

시대의 변화에 맞는 최첨단 컨설턴트가 되고자 한다면, 주저 말고 기업 R&D 지도사 자격검정시험에 도전해보기 바란다.

현재 국내 전체 활동 사업자 현황은 682만 개이며 이중 99%가 중소기업이다

최근 통계청 국가통계포털^(KOSIS)에서 국내 전체 활동 사업자 현황 통계가 발표되었다. 국내 전체 활동사업자 수는 6,820천 개이며, 이중에서 중소기업의 비중은 99%에 달하는 6,812천개에 달한다.

아래 표는 국내 전체 사업자 수 680만 개를 기준으로 작성된 것으로 관련된 다른 통계 수치도 함께 알아보겠다.

구분	규모(개,명)	설명(2021년말 기준)
0.1%	6,800	한 해 해외전시회 참가 국내 기업 현황
0.2%	13,000	R&D 투자 1조원당 창출되는 일자리 현황 (전경련 2015년 발표)
0.3%	20,630	이노비즈기업 현황
0.4%	27,066	중소기업 연구전담부서 현황
0.5%	34,113	중소기업 기업부설연구소 현황
0.6%	39,101	벤처기업 현황
0.7%	47,500	전세계 대학 현황
0.8%	54,400	전국 비영리법인(NPO) 현황
0.9%	66,000	전국 태양광 발전소 현황
1%	68,000	전국 경로당 현황
2%	136,000	인천국제공항 일 최대 수하물 처리량
3%	200,000	전국 공장 등록 현황
4%	270,000	누리호 총 부품 현황
5%	340,000	국내 공기업 일자리 현황
6%	400,000	40만개 히로시마 원자폭탄이 매일 폭발 = 지구 대기 온실가스 열총량
7%	480,000	국내 공무직 근로자 현황
8%	548,000	중소기업 제조업종 현황
9%	610,000	중소기업중앙회 중소기업회원 현황
10%	680,000	국내 반려동물 연간 사망 현황

위 표에서 알 수 있듯이, 국내 전체 사업체 중에서 중소기업 제조업종은 8%밖에 되지 않으며, 공장은 이보다 훨씬 적은 3%에 머물고 있다. 벤처기업은 0.6%, 중소기업 기업부설연구소는 0.5%, 이노비즈 기업은 0.3% 수준에 머물고 있음을 알 수 있다.

이렇듯, 시장규모의 차원에서 본다면 이미 시장이 포화상태에 이른 타 전문직종에 비해 기업R&D지도사의 시장은 현재가 초기 시장에 해당되므로 앞으로 더 크게 성장할 가능성이 충분하다 하겠다.

희망

내일을 위해 오늘을 사는 사람은,
절대로 오늘 하루만 날다가 가는 사람을 이길 누가 없습니다.
우리의 동심은 내일에 있는 것이 아니라
오늘 바로 여기에 있습니다.

오늘! 퇴선을 다해야 내일이 있습니다.
오늘 하루가 내가 할 누 있는 그 마지막 하루로 생각하고
퇴선을 다해야 합니다.

희망은 내일 있는 것이 아닙니다.
내일 희망이 있을 거라는 것은 허낭이고, 녹임누입니다.
희망은, 바로 오늘! 지금 이 니간에 있는 것이고
희망이라는 낭자를 열 누 있는 열되는
오늘 하루 퇴선을 다했다고 하는 후회 없는 자독에 있습니다.

오늘의 희망은 오늘 열어야 합니다.
내일 열릴 희망은 닌기루이고 환낭입니다.
우리에겐 오늘! 이 하루가 의미가 있고, 이건이 곧 희망입니다.
오늘 하루 퇴선을 다해 두니길 바랍니다.

Epilogue

이 책에서는 기업R&D 지도사 양성과정의 108가지 실전 전략 중에서 40가지의 전략을 소개하고 있습니다. 제2탄은 더 높고 험한 산을 오르는 데 필요한 고급 전략을 중심으로 집필될 예정인데, 기본적인 전략은 이 책에서 소개한 40가지 실전 전략으로도 충분하다고 할 수 있습니다.

약도는 길을 찾아 나가서는 이들에게 필요한 것처럼, 이 책에서 소개된 실전 전략을 머리로만 익히고, 실행에 옮기지 않는다면 보물섬을 찾아 보물을 얻을 수가 없습니다. 따라서 이 책을 덮는 순간, 이제는 이 약도를 들고 보물섬을 찾기 위해 과감히 길을 나서야 합니다.

이 길에서 동행이 필요하다면 언제든지 KOTERA의 기업R&D 지도사들에게 동행을 요청할 수 있고, 기업R&D 지도사들은 기꺼이 그 길을 함께 할 준비가 되어 있습니다.

이 책이 출간될 수 있도록 단행본으로 집필할 수 있는 데 필요한 노하우를 아낌없이 전수해 주신 10년 지기 심재석 대표님에게 심심한 감사를 드리며, 기꺼이 본인들의 노하우와 경험을 공유해 주신 KOTERA 전문위원단 전문위원님들께도 감사의 마음을 전합니다.

이 책의 실전 전략은 그동안 '정책자금실무도우미' 다음 카페에 연재된 내용을 편집한 것이므로 추가되는 정책자금 실전 전략이 궁금한 독자들은 '정실미' 다음 카페에서 그 예고편을 확인하실 수 있을 것입니다.

한 번에 두 세 계단을 오르면, 정상에는 빨리 올라갈 수 있지만, 쉬이 지칠 수 있습니다. 하루에 한 계단씩, 어제보다 오늘 조금이라도 더 발전될 수 있도록 한다면, 정상에 오르는 것도 그리 어렵지 않습니다.

한 계단을 올라서는 것이 중요합니다.
오늘부터 정책자금 한 계단 올라서기를 쉬지 않으시길 바라며,
열심히 응원하겠습니다.

몰라서 못받는 정부지원자금 당당하게 받자

정책은 바뀌어도 변하지 않는

정책자금 핵심전략

지은이 한국기술개발협회

발행일 2019년 10월 25일 1쇄

　　　　2023년 8월 31일 3쇄

펴낸이 양근모

발행처 도서출판 청년정신 ◆ 등록 1997년 12월 26일 제 10—1531호

주 소 경기도 파주시 경의로 1068, 602호

전 화 031)957—1313 ◆ 팩스 031)624—6928

이메일 pricker@empas.com